메타버스의 렌즈로
새로운 기회를 발견하세요.

김 상균 올림

用元宇宙的视角寻找新机会吧。——金相均

성공투자, 메타버스를 타고...
-베토호랑이

成功投资，搭上元宇宙。——申炳浩

解码元宇宙

메타버스
새로운 기회

未来经济与投资

[韩] 金相均（김상균）　[韩] 申炳浩（신병호）·著

黄艳涛　孔军·译

中国出版集团
中译出版社

图书在版编目（CIP）数据

解码元宇宙：未来经济与投资 /（韩）金相均，
（韩）申炳浩著；黄艳涛，孔军译 . -- 北京：中译出版
社，2022.1
ISBN 978-7-5001-6852-2

Ⅰ.①解… Ⅱ.①金…②申…③黄…④孔… Ⅲ.
①信息经济 Ⅳ.① F49

中国版本图书馆 CIP 数据核字 (2021) 第 248502 号

北京市版权局著作权合同登记号
图字：01-2021-6755

메타버스 새로운 기회
Copyright © 2021 by 金相均
All rights reserved.
Simplified Chinese copyright © by China Translation &Publishing House
Simplified Chinese language edition is published by arrangement with Vega Books, Inc.
through 連亞國際文化傳播公司

出版发行：中译出版社
地　　址：北京市西城区新街口外大街 28 号普天德胜大厦主楼 4 层
电　　话：(010)68359719
邮　　编：100044
网　　址：www.ctph.com.cn

策划编辑：于　宇　刘香玲　张　旭
责任编辑：于　宇　刘香玲　张　旭
文字编辑：赵浠彤　张莞嘉　张程程　张孟桥　张若琳　吕百灵
营销编辑：毕竞方　吴一凡　杨　菲
特约编辑：熊紫月　于诗佳　岑玉雪　胡晓楠　王　珺　韩　强
版权支持：马燕琦　王立萌
封面设计：东合社 – 安宁
排　　版：冯　兴

印　　刷：北京顶佳世纪印刷有限公司
经　　销：新华书店
规　　格：710mm×1000mm　1/16
印　　张：14.25
字　　数：164 千
版　　次：2022 年 1 月第 1 版
印　　次：2022 年 1 月第 1 次

ISBN 978-7-5001-6852-2　　定价：67.00 元

版权所有　侵权必究
中　译　出　版　社

序 一

    小时候，我家离着外公外婆家非常近，父母上班的时候，我就去外婆家吃午餐和晚餐。外公在离家很近的造纸厂当厂长。外婆总是按照外公回来吃午饭的时间，在大厅里提前摆好餐桌，我也坐在餐桌旁，一边闻着美味的饭菜香味，一边时不时朝着大门的方向张望，等着外公回来。在我的记忆中，外公非常帅气。伴随着吱呀的声响，大门开了，外公戴着超大眼镜片的墨镜走了进来，"相均来了！"外公总是对我的到来表示欣喜。外公摘下墨镜，放在餐桌上，我对墨镜充满了好奇。不知道戴着这么黑的眼镜，能看到一个怎样的世界。外公注意到了我的好奇心，让我戴戴看，每当那时，外婆总是高声制止："对孩子眼睛不好，不能戴。再说，你的墨镜多贵呀！"

    有一次，我在外婆家待到很晚。外婆去邻村了，家里只有外公和我。看到我望着桌子上的墨镜出神，外公把墨镜递给了我，"你外婆不在家的时候，就戴戴吧。"不知道外婆什么时候会回来，我立即戴上墨镜，环顾四周。仰望天空时，只看到淡淡的月光，除此之外，一片漆黑。"砰"的一声，大门被打开了。我赶紧走进房间，摘下墨镜，放在书桌上。心情很复杂，墨镜虽然看起来很酷，但真正戴上了，却什么也看不见。我更加好奇，外公为什么喜欢戴着这个什么都看不见的镜子到处走呢？

    几天后，外公说工厂里有很多事，不能回来吃午餐。外婆把饭菜盛在餐盒里，用包袱包好。距离工厂需要步行 10 分钟，我自告奋勇要去送饭。外公到工厂门口迎我，当时他也戴着墨镜。我拉着外公的手走进工厂，"这里有很多危险品，你只能在这一带玩。"外公在工厂院子的平地上坐下，打开包袱。在树荫笼罩的树枝间，传来蝉的鸣叫声。外公摘下墨镜，递给我："是不是很刺眼？戴上这个吧。"我犹豫了一下，再次戴上墨镜。眼前出现了一个全新的世界，原本由于刺眼，无法抬头直视的树枝，树枝间的蝉，以及被云彩半遮的仲夏太阳都隐约可见了。那一刻，墨镜打开了另一个世界的大门，向我展示了曾被遮住的世界。

"元宇宙？不就是游戏吗？"

"元宇宙，没有那么莫测高深。"

"又有人造出个时髦术语，是想赚钱吧？"

关于元宇宙，偶尔能在媒体看到这样的意见。现在是夜晚，还是白昼？如果现在是夜晚，那么万籁俱寂，或许我们不需要那么清晰地去看这个世界。如果是热闹的白天，想把这个世界看得更加清晰，不妨戴上元宇宙眼镜，来看一看那些存在却看不见，或者虽然看得见，却看不清晰的东西吧。希望你能透过元宇宙的镜头来观望我们的生活、商业、产业以及经济的未来，虽然我提供的镜头很小，有些寒酸，但我相信，透过镜头，通过你的慧眼所看到的世界的价值是无限的。

Mind Mover 金相均

序二

元宇宙，蕴藏着无限可能！

受新型冠状病毒的影响，通过互联网进行线上交流（Ontact）正在成为一种日常交流模式。在面对面交往受到限制的世界里，人们不得不把更多的时间投入数字空间中。通往数字世界之路，为我们带来全新的环境和体验，在这条路上，有超越现实进化而来的元宇宙。元宇宙正在将人类迁移到虚拟空间，为硬件、软件以及平台等诸多行业的发展提供了机会。

这是一项把现实世界中不存在的事物像现实一样展现出来的技术，被应用于企业内部人员协作、培训和测试，以及工程师模拟实验等，能实现虚拟和增强现实，呈现出另一个空间和实体。身临其境的沉浸式游戏超越了视角概念，赋予每个角色生命，刺激人类的感官，给人以本人活在游戏中的感觉。我们生活在一个通过新世界走出物理极限，进一步创造另一个自我的时代，这个我不再是仅能代表我的角色。元宇宙创造的时代，不是在单纯的游戏或模拟环境下，打造扮演我的角色，而是发现真我的全新世界。元宇宙世界携手尖端技术，向人类展现了更加广泛的数字世界，是现在这个时代的延伸。

作为投资者，某些特殊产业的兴起总是让人激动不已。人类创造的新技术刺激了新需求，推动了产业发展，若做好资本配置，这个产业就会步入快速发展的轨道。目前，能否拥有这些技术，将决定国家的财富走向。最近，被称为技术核心中枢的半导体产业为什么会成为国家的重要基础产业，甚至有时会成为国家外交关系的政治手段，这是一个值得深思的问题。

为了进一步实现元宇宙的高效增长，与半导体产业相配套的尖端信息和通信技术（ICT）产业、相关数字装备基础设施、硬件及软件平台技术等都应该成为基础产业。今后，有望成为高附加值的元宇宙产业将刺激全球投资银行和个人投资者的投资欲望。现在，我们正在期待生活回到正常轨道，相信在不远的将来元宇宙就会变为我们的日常生活。元宇宙是在"脱现实化"基础上创造的介于"0"和"1"之间的数字世界。对于明智的投资者来说，这个世界是个积累财富的全新机遇。元宇宙所创造的世界，虽然是一个虚拟世界，但在现实中也是"投资的世界"。不要止步于体验元宇宙，而要关注这个产业的兴起和成长。现在还不晚，让我们在投资世界里与优秀的企业共同乘风破浪，畅游在新技术和资本的世界里！

孟加拉虎　申炳浩

目录

01 未来已来：元宇宙来了

2030年的元宇宙世界	002
虚拟化身生活下的数字地球	012
虚拟现实就是元宇宙吗	016
"香料"和元宇宙	030

02 元宇宙：新的文明

智能手机革命与元宇宙新文明	038
与数字人类共存	042
不受年龄限制的元宇宙	052
虚拟世界中的制造业革新	056
分散的人口	065
倒塌的门槛	071

03 元宇宙：没有人类的世界是不存在的

元宇宙产业的五大核心结构 076
有多少人生活在元宇宙世界 078
为什么对元宇宙如此狂热 085
重塑表达与学习 089

04 元宇宙：体验的切入点

事实上的标准与事实标准 096
连接数字世界与"我"：硬件模式转换 109
先驱者 Facebook 111
有别于谷歌的起步：微软与增强现实 116

05 元宇宙平台：数字世界的核心商圈

没有硝烟的平台战争 122
元宇宙重新设计汽车产业 129
重塑设计模式 137

06 元宇宙的基础设施：构成新地球的骨架

基础设施：卫星战争的序幕	142
元宇宙 3D 引擎：描绘一切想象的颜料	149
连接现实与虚拟	158
与元宇宙同行：半导体产业超级周期	174

07 元宇宙内容产业：想象创造一切

吸引粉丝的魔力	188
元宇宙的经典：游戏产业	198
超过两亿人生活的世界	205
后记一 任何先进的技术，都与魔法无异	212
后记二 必然与元宇宙相关联的全球金融投资	214

01

未来已来：元宇宙来了

2030年的元宇宙世界

◎ 07:00—10:00

今天是早间足球聚会的日子。若是在几年前,我还无法理解那些参加早间足球聚会的人。但现在,比起电脑足球游戏,我更喜欢早间足球聚会。这项活动让我的身体真正动了起来,感觉体力得到了提升。为避免迟到,我今天一大早就去了足球场,虽然比以往来得都早些,但已经有好多成员都在做赛前准备运动了。

看着正在热身的成员们略微凸起的肚子,我想或许足球运动本身与身材没有太大关系。这时,成员们全部到齐了。我们戴上智能眼镜,打开电源,大家的样子瞬间发生改变:引领我逐步喜欢上足球运动的啤酒肚前辈,变成了以球技和外貌风靡全球的大卫·贝克汉姆(David Beckham),我旁边的小个子变成了著名的巴塞罗那足球俱乐部的里奥内尔·梅西(Lionel Messi)。我戴着智能眼镜看了一下自己,身材修长、健壮。在别人眼里,我现在就是韩国足球传奇人物孙兴慜[1]。就这样,我们自己的国际比赛开始了。"梅西"用蹩脚的动作带球后传球,接球的"孙兴慜"与真正的孙兴慜不同,左脚射门表现

---

[1] 孙兴慜:韩国知名足球运动员。(译者注)

得非常糟糕。即便如此，和自己喜欢的足球明星一起踢足球还是很让人兴奋的。元宇宙的增强现实（Augmented Reality）总能给我们的日常生活带来惊喜。

◎ 10:00—12:00

踢完足球，我回到家，洗完澡，来到书房。我在大学任教。今天10点开始，有两个小时的授课任务。我准时把学生邀请到提前设计好的虚拟教室，学生刚到，就为新"装修"的教室大为惊叹。我用攒下的元宇宙货币购买了空间和道具，装饰了教室，看到学生的反应，我觉得一切都值了。

如果放任不管，恐怕整堂课学生都会感叹个不停，于是我让大家安静下来。随后我环视大家的头顶位置，每个人的头上都悬浮着一个状态窗口。状态窗口记录着学生作业完成情况、课程资料预习情况以及出勤等相关信息。

教室里安静下来后，我开始授课，主题是"高新技术企业在元宇宙时代的生存策略"。授课结束后，我们开始进行小组讨论，主题是"高新技术企业的旗舰店为顾客提供了什么样的体验"。为了使讨论更加专注，我把教室调整为星巴克咖啡厅布局，学生马上三三两两围坐在桌旁，展开激烈的讨论。

大概一个小时的讨论结束后，我又把环境调整为虚拟教室，这次是复制苹果旗舰店的全新虚拟教室，在这里针对学生刚才的讨论内容进行反馈和点评。授课场景可以在游乐场、咖啡厅和旗舰店之间不断切换，如果没有元宇宙的虚拟世界（Virtual Worlds），是根本无法想象的。学生离开后,我又把几个课程核心内容上传至元宇宙,以供经营大学的企业共享。至此,上午的课程全部结束,我获得了两万元宇宙货币。

◎ 12:00—13:00

和晚辈约好了下午1点一起吃午饭,下课后我就出门了。家门口停着一辆上午提前预约的无人驾驶车辆。上车后,人工智能虚拟存在(Virtual Being)的秘书安迪向我打招呼,安迪告诉我,距离目的地需要行驶40分钟左右,建议我休息一会儿。

我把座椅靠背往后调了调,选择了一个比较舒服的姿势。车辆内部结构映入眼帘:车辆内部布满了交互显示(Interactive Display)系统,在前后及两侧的显示屏上,可以看到波涛汹涌的蔚蓝大海,在车的顶棚上,能看到温暖的阳光和广袤的天空。

我正欣赏美景的时候,安迪对我说:"相均,你想看看新上映的电影《乔斯》吗?"

我同意后,安迪又问:"原来放映时间是80分钟,需要压缩成40分钟吗?"

为了不让我感到无聊,安迪把枯燥的部分用旁白代替,主要播放了我可能会感兴趣的动作场面。我一边看电影,一边和安迪聊天,不知不觉就到了约定的地点。在和安迪交谈的时候,我总是感觉安迪不是元宇宙中的虚拟人物,更像是真实存在的人。

◎ 13:00—14:00

抵达饭店后,我发现晚辈已经在等我了。我们简单地互致问候。这时服务员走了过来,我正在考虑要吃点什么的时候,服务员开口了:"我看您在看电影《乔斯》的时候,似乎对 Lau Lau(越南菜)很感兴趣。要给您准备 Lau Lau 吗?"

晚辈的目光马上投向我,那眼神分明是想问我,是否在来的路上通过分享"生命日志"(Lifelogging)的方式看了电影。仔细想想,我看电影的时候,没有使用元宇宙货币购买,为了节约货币,我采用分享"生命日志"的方式免费观看了电影。在元宇宙,只要本人愿意,可以通过"生命日志"自动记录所看、所听、所见和所想的一切信息。

第一次品尝这道菜,比想象中好吃。饭后,晚辈说多亏了我,他才有幸见识了新菜,于是想送给我一件衬衫做生日礼物。虽然今天的确是我的生日,但不知为何,想起晚辈刚刚"连看电影的钱都没有吗"的酸涩眼神,我感到有点不舒服。当然,他没有那个意思,对吧?

◎ 14:00—15:30

我和晚辈一起去楼上的购物中心。晚辈和我不一样,他的时尚感很强,于是,我拜托他帮我挑一件适合我的衬衫。晚辈问我是否可以浏览我的衣帽间,我把衣帽间的代码传给他,我们各自戴上智能眼镜,我们所在的服装店瞬间变了样子。晚辈看着智能眼镜上出现的我的衣柜，开始对我发牢骚：

"相均前辈，您的衣柜怎么这样？您是只参加葬礼的吗？"

我笑了笑，他说得没错，我的衣柜里全是黑色衣服。他一边唠叨一边翻看我的衣柜，终于在里面找出了其他颜色的裤子和针织衫，这是很难找到的。他把裤子和针织衫在我身上比了比，随后登录了服装店，拿起一件粉色衬衫和蓝色衬衫，在我身上比对着，陷入思考。

最后，他选定粉色衬衫搭配衣柜里的裤子及针织衫，我戴着智能眼镜，面前出现一个画面，像镜子一样。画面中我没有穿早上那套黑色西装，而是晚辈帮我挑选的粉色衬衫以及从我衣柜里拿的裤子和针织衫。我心想，找他帮我挑选衣服是明智的选择，我开始前后左右地打量着画面中的自己。晚辈露出满意的微笑，付款后我们离开服装店。

愉快的购物结束后，回家的路上，我在无人驾驶车辆内向妻子炫耀我的新衣服。妻子戴上智能眼镜，仔细对比我新买的衬衫和衣帽间里原有的衣服，过了一会儿，只属于我们两人的时装表演结束了，妻子笑着说："你这么一打扮，像变了一个人。"我难为情地挠了挠头发，开玩笑地问道："那我现在是个旧人吗？"又过了一会儿，我们结束了通话。

◎ 15:30—17:30

一回到家，我就奔向沙发。坐在沙发上，我戴好智能眼镜，开始使用买好的模拟位置票，今天有韩国和德国两个国家足球队的友谊赛。在我们国家，只要购买了模拟位置票，再戴上智能眼镜，就能以国家队选手的视角享受比赛。国家队选手的视野展现在眼前，他所能听到的声音如今也能真真切切地回响在我的耳畔。

今天我买的位置是守门员。以往我都是购买前锋或中场队员票，今天早间足球比赛时，前辈建议我购买守门员位置，我听取了他的意见。前辈说，守门员的视野能纵览整个赛场，更有意思。我兴奋地搓着手，满怀期待，这时，国歌响起，比赛开始了。

◎ 17:30—19:00

前辈的建议是对的，第一次以守门员的视野观看比赛，太刺激了。比赛结束，激动的心情渐渐平复后，我感到饿了。今天轮到我准备晚餐，整理情绪后，我来到厨房，一边考虑晚上吃什么，一边登录了 YouTube。

YouTube 上的名厨今天推出的是法国料理。我支付 10 个元宇宙货币，在智能眼镜上下载食谱后，开始做饭。戴上智能眼镜，我的视野上方浮现出各种增强现实信息，比如从冰箱哪一栏取食材，如何整理食材，什么时候把食材下锅等烹饪信息瞬间出现在眼前。

"喂！"正专心做菜的时候，突然有人吓了我一跳，我手里的烹饪工具都摔在地上。我朝旁边看了一眼，小女儿的虚拟化身正在旁边咯咯地笑。她目前在澳大利亚生活，偶尔会这样突然出现，吓唬我。过了一会儿，大女儿的虚拟化身也出现了，大女儿好像根本没看到小女儿，越过她，站在我做的料理前。她一边品尝，一边对我说今晚回家吃饭，让我给她留点菜。

◎ 19:00—21:00

晚饭后，我计划和妻子一起找找新房子。借助元宇宙的镜像世界（Mirror Worlds），我们浏览了加平附近的独栋住宅。若是在从前，看房子必须去现场，现在没这个必要了，有了镜像世界元宇宙，即使坐在家里，也可以看到世界的各个角落。

我戴着智能眼镜，找了几个小时的房子，但没有一个中意的。我跟妻子一边聊着，一边看房，突然想起以前买过一块地。我输入地址，想看看周围环境变成什么样了。这时，人工智能虚拟存在的建筑师开始说话了，他说最近在搞活动，设计费用打五折。听了这话，我们开始讨论可行的设计方案。随后，那块土地上出现了搭建建筑物的全息图像，查看过几份全息图像后，虚拟建筑师向我们详细介绍了施工所需费用及工期情况。

这么大的事不能只和妻子讨论，于是我给两个女儿发了短信，没过多久，两个女儿的虚拟化身就出现了。小女儿的化身逐渐升空，从高空全景和周围景观搭配的角度提出设计建议，虚拟建筑师按照她的意见调整设计方案；大女儿也提出了设计意见，虚拟建筑师忙得不可开交。最后，终于拿出了让大家都满意的设计方案，两个女儿的虚拟化身开心地笑着，渐渐隐去。

◎ 21:00—23:00

太过专注于浏览设计图，差点忘了晚上9点钟有一个重要的约定，想到这里，我立马起身出发。今天是朋友宰昊的忌日，他前年死于交通事故。宰昊的家人把他生前使用的元宇宙记忆送去了 Kyle Room。Kyle Room 通过把死者生前的生活痕迹进行 AI 修复，使死者再生，并提供把死者送回家与遗属见面的服务。我没有摘掉智能眼镜，直接赶往宰昊家。

宰昊家里已经来了很多人。院子里点起了篝火，弟妹、他的两个孩子和六位朋友围坐在篝火旁。过了一会儿，我们听到停车的声音，宰昊从一辆黑色的车里走了下来。他和生前一样，豪爽地笑着，向我们打招呼："哈哈哈！都是死人了，有啥好想的，还把我叫来？"

就是他原来的样子。宰昊调侃着，开心地笑着，坐在我们旁边。这是宰昊去世两年来我和他的第一次重逢，一见面，非常开心，我真想拉着他好好聊聊，但还是把机会留给他的家人吧。弟妹眼含热泪，说不出话来。两个年纪尚幼的孩子好久未见爸爸，围着他问这问那。过了好久，终于轮到朋友们了，他一看到我们，就不停地唠叨道："相均啊，你也别再骑摩托车了！我就是因为摩托车才变成这样的！哈哈哈……"

"泰圣，你稍微做点运动吧！不能再胖了！"他唠叨个没完，宰昊生前就爱絮叨，但不知为何，他今天的唠叨让人感觉格外温暖。院子里充满了欢声笑语，仿佛我们这些中年大叔都回到了少年时代，大家肆无忌惮地开着玩笑，闹着。孩子们也被感染了，缠着爸爸，天真地玩闹。时光飞逝，没过多久，宰昊调皮地笑着说道："明年再见吧。"

这是他的风格。按照规定，Kyle Room 的服务一年内只能享受一天。死者与活人的生活界限分明，这是社会共识。约定明年再见后，我们离开了宰昊家。

◎ 23:00—24:00

感到心里很不是滋味,真想喝两罐啤酒倒头睡觉,但还有一个日程没完成,不能睡,是海外发来的咨询。尽管是在元宇宙时代,也还是拿时间没有办法。客户既然信任我,只好配合客户的时间,在这个时间段继续工作。

咨询来自迪士尼世界。迪士尼世界正在大幅更新一些精彩项目,目的是将物理空间和虚拟世界结合起来,为人们提供精彩纷呈的娱乐体验,为了在项目中更好地反映客户体验中的游戏化属性,特意邀请了我。我与欧洲几位顾问,针对如何提高顾客的沉浸式体验感提出几点建议后,工作结束了。看到大家激动的样子,我一边考虑把奥兰多迪士尼世界列入明年度假旅游目的地的备选项,一边摘下智能眼镜。

◎ 24:00

我喝着啤酒,我开始回顾今天的日程,想起宰昊,感觉啤酒更加苦涩。该睡觉了,我把卧室环境改成和宰昊一起去过的露营地,然后上床睡觉。回想起当时,我们什么都不带,背上一个背包就出发了,真想他啊。

以上,大家所看到的是一部小说,主人公是一位生活在2030年元宇宙中的普通人。小说记录了增强现实、镜像世界、生命日志等诸多元宇宙元素,是不是很有趣?就像科幻小说里的虚幻故事一样,虽然无法想象,但在不远的将来,这些都会实现。

随着元宇宙的发展，产业格局发生改变，主导世界的技术和企业也将发生变化。如果认为这些和你没有关系，或者还很遥远，你可能在某一时刻就会被淘汰。在现代社会，技术的进步比人们的认识要快，人们接受科技的速度也非常快，这个世界正以惊人的速度发生变化。有创新与变革，必然会有掉队的人。目前，人们正在分化为与时俱进和坐以待毙两大人群，我们现在要做的就是准备迎接一个叫作元宇宙的地球。从现在开始，我们有必要了解什么是元宇宙，元宇宙会如何改变这个世界，元宇宙里都有哪种类型的技术和企业等。下面，我们就来逐一了解如何做好准备，迎接全新的地球。

虚拟化身生活下的数字地球

最近"元宇宙"这个词经常出现在很多媒体和社交平台上,有些人认为新的世界即将到来,并为之欢呼;有些人开始研究关于元宇宙的股票。那么,元宇宙对大家来说,到底意味着什么呢?

> **《雪崩》**
>
> 这是美国科幻作家尼尔·斯蒂芬森撰写的小说,首次向公众介绍了虚拟世界的概念,是一部具有里程碑意义的小说,也是首次引用"元宇宙"这个词汇的文化作品,书中还首次提到了"虚拟化身"(Avata)这个词。
>
> 《雪崩》中所描述的虚拟世界元宇宙与现实世界相仿,根据财力、实力和能力的不同,制作虚拟化身。
>
> 参照元宇宙,林登实验室推出了网络虚拟游戏《第二人生》。

在回答这个问题之前,我们应该先了解一下元宇宙到底是什么。首先,"元宇宙"这个词最早出现在哪里呢?我们来看一看吧。在1992年出版的美国著名科幻小说家尼尔·斯蒂芬森(Neal Stephenson)的小说《雪崩》(Snow Crash)中,率先出现了"元宇宙"这个词汇,小说中出现的虚拟世界的名字就是元宇宙。事实上,这部小说当时并没有流行起来,在韩国虽然翻译出版了,但销量并不乐观,也没有广为人知。当然,有人从这部小说中获取灵感,开发了几款虚拟现实程序,最具代表性的就是美国林登实验室（Linden Lab）于 2003 年推出的网络虚拟游戏《第二人生》(*Second Life*)。或许是过于超前的缘故，由于没有足够的基础设施和设备来支持虚拟现实，《第二人生》并没有实现广泛商业化。

人们真正开始关注元宇宙世界，是从史蒂文·斯皮尔伯格（Steven Spielberg）导演的电影《头号玩家》（2018 年）票房大卖之后。电影改编自同名科幻小说，电影中记录了一个充满魅力的虚拟世界，叫作"绿洲"。在这个世界里，你可以装扮成自己的虚拟化身，也可以装扮成著名的人物或角色。电影描述了一个充满魅力的世界，在这个虚拟世界中，人们可以真切生动地体验在现实世界中无法实现的各种事物。

人们对这个充满魅力、五彩缤纷的虚拟世界日渐痴迷，它迅速在世界蔓延开来。当前，在新冠肺炎疫情肆虐的情况下，人们活动受限，无法开展传统的面对面交流，而在虚拟世界里，人们无须面对面也可以畅享多彩的生活，因此，元宇宙受到了前所未有的青睐。

现在，我们虽然了解了元宇宙这个词汇的背景，但可能对它的概念和意义还很模糊。如果仅仅是虚拟世界，那就不会出现新的词汇了。那么，该如何定义元宇宙呢？为了进一步了解它，我们有必要先来看看元宇宙的词源。元宇宙一词由希腊语中代表"超越"的"Meta"和意为"世界"的英语"Universe"组成，直译就是"超越世界"。超越世界，听起来是不是很有画面感？但并不是那样的，单凭"超越世界"来诠释元宇宙是远远不够的。

那么，到底该如何诠释元宇宙呢？我想用"虚拟化身生活下的数字地球"来解答。来详细了解一下，首先，"虚拟化身"意指能代表自己的角色。在这里，我们有必要进一步了解虚拟化身的意义。虚拟化身原本是印度教使用的概念，意思是"下凡"，是梵文。在印度教里，化身是指神下凡幻化的人形或兽形，原本神是很难与人类沟通的，通过幻化，打破了与人沟通的隔阂。所以，"化身"一词从语源开始，就蕴含着"沟通"的概念。在现实生活中，由于种族、外貌、自尊心等因素，沟通并非易事，借助化身更容易实现沟通交流。我想，这既是虚拟化身的最大价值，也是它的魅力所在。

这里的"角色"不单指那些复杂的三维角色，简单来说，在聊天工具中出现的我的状态信息或照片也是虚拟化身。举例来说，老人们喜欢使用的鲜花照片和田野照片都是化身，只要能代表自己，任何东西都可以成为化身。如今的千禧世代也只是把自己的化身装扮得更加华丽、更加形象而已。

那么，问题来了，为什么不用自己的真实相貌，非要使用化身呢？如果大家都能实名认证，那些因匿名而发生的问题就都迎刃而解了。化身为什么被用于数字地球，和去年流行的"多重人格"（Multi Persona）联系起来就容易理解了。每个人心中都有第二、第三个"我"。这种第二自我，有别于精神病学的"精神分裂"概念，是指人们常常在社会生活中压抑自己，为了表达个性化自我，而选择了多重人格。社会性自我与个性化自我活动的领域不同，那个被压抑的自我借助多重人格实现心理自由的释放。

为此，被誉为近代心理学创始人的心理学家威廉·詹姆斯（William James）曾经说过："人类接触过多少人，就拥有多少个自我。"换言之，每个人都以社会性自我为中心，与无数个自我共存，只不过众多个性化自我尚未发现彼此间的不同而已。由此可见，这就是人们放弃现实中的自我，选择可以自由发挥的多重人格虚拟化身的原因。

另一个可以代表元宇宙的词汇是"活着"。如果查阅字典，"活着"的意思是，区别于无机物的生长和繁殖等活动，重要的是要开展生产性活动。即人们不是在元宇宙的网络世界里简单停留，元宇宙是个可以开展生产性活动的世界，比如工作、赚钱、消费等。从某种意义上讲，我"在现实世界里活着"与我"在元宇宙世界里活着"的感受是一致的。

第三个代表性词汇是"数字地球"。数十年来，科技的发展速度非常惊人，以至于有人说，地球上已经没有可以开发或发展的东西了，人类的发展背景已经到了要超越地球这颗行星，向某个新的星球进发的时候了。火星开发被认为是地球开发的下一阶段，近年来，关于"火星地球化"的话题一直未曾中断。实际上，曾任特斯拉电动汽车公司（Tesla）、太空探索技术公司（SpaceX）、家用光伏发电项目公司（SolarCity）等众多与科技相关公司的世界级首席执行官，被誉为"现实版钢铁侠"的埃隆·马斯克（Elon Musk）也曾对"火星地球化"表现出了极大的期待。他曾提到，自己的最高梦想是解决地球能源枯竭问题，并为了人类的繁荣去开发火星。

不过，从技术发展的速度看，短期内，火星地球化很大程度上还只是个梦，或许迟早会实现，但更多人仍认为这只是个空想。那么，能取代火星的方案是什么呢？正是元宇宙。无须开发新的行星，只须在现有的地球上提出从未有过的概念，创造新的世界。

总体来说，元宇宙可以理解为"代表我的虚拟化身从事生产性活动的全新数字地球"。还是找不到感觉吗？那么，一起来看看下面几种元宇宙世界观，你很快就会理解了。接下来，让我们来看看哪种世界观更适合刚才提到的元宇宙。

虚拟现实就是元宇宙吗

连人类的记忆都是受人工智能（Artificial Intelligence，AI）操纵的，人类一出生，就被困在 AI 创造的空间里，消耗延长 AI 生命的能量。在这个过程中，人们甚至没有发现自己被困在虚拟世界中，把虚拟现实当成真实的存在来生活，这是 1999 年上映的电影《黑客帝国》中的故事情节。如果被问及 20 世纪最著名的科幻电影是什么，很多人都会认为是这部以虚拟现实为题材的《黑客帝国》。甚至说人们对虚拟现实的印象和认知来自《黑客帝国》都不为过。

有些人会问，VR 转化的虚拟现实和元宇宙有什么不同。他们会说，你所了解的《黑客帝国》中的虚拟世界和其他形态的元宇宙并不是元宇宙，并为此进行激烈的讨论和反驳。会用怀疑的眼神追问，元宇宙是不是就是对于所谓虚拟现实的另一种表述。

就结论来讲，元宇宙是一个拥有更广泛概念的数字世界，它包含虚拟现实。事实上，在早期，人们认为元宇宙和虚拟现实之间没有太大区别，元宇宙只不过是以 VR 为媒介展现的虚拟现实。但问题是，比起人们对数字地球的期望，VR 设备技术的进步相当缓慢。如此一来，从物理真实感层面讲，它并没有给人以 VR 式的体验和感觉，于是更经济、更实用的，便于与人们接触的其他形式的元宇宙开始出现。技术研究组织加速研究基金会（Acceleration Studies Foundation，ASF）应运而生，将形态多样的元宇宙分为四种类型，即增强现实世界、生命日志（Lifelogging）世界，镜像世界（Mirror Worlds）和虚拟世界（Virtual Worlds）。下面，我们来逐一了解一下。

第一个要介绍的元宇宙是一个增强现实世界。增强现实被称为"AR"，这个概念于 1900 年左右首次被提出。童话《绿野仙踪》的原作者莱曼·弗兰克·鲍姆（Lyman Frank Baum）称，他发明了一种叫作"角色标记"（Character Marker）的电子设备，在反映现实世界的影像中添加了人类创造的数据。在此之前，20 世纪 90 年代，"AR"这个词首次出现在人类面前，是美国飞机制造商波音公司（Boeing）在组装飞机的过程中引入的虚拟概念，事实上，这就是最初的增强现实。

如此看来，增强现实是借助设备把在现实生活中只能停留在想象阶段的幻想元素或虚拟信息叠加在真实环境中而形成的。比如，著名漫画《七龙珠》里的"战斗力探测器"和一度轰动世界的《宝可梦 GO》就属于增强现实。在漫画中，"战斗力探测器"是探测人物战斗力数值的工具，戴上眼镜形状的"战斗力探测器"注视人物，他的身体上就会显示其战斗力强度值。《宝可梦 GO》也一样，通过设备就可以把在现实世界中看不到的，只有在漫画和游戏中才能看到的"口袋妖怪"变为现实存在。

最近，越来越多的增强现实内容接连问世，著名奢侈品牌古驰发布了虚拟球鞋定制 App（Gucci Sneaker Garage）。使用这款 App，只需支付 12.99 美元[①]即可购买名球鞋。古驰的鞋子通常售价至少数百

---

① 根据中国银行 2021 年 12 月 2 日外汇折算价，1 人民币 ≈0.1569 美元。（译者注）

美元，为何以如此低廉的价格就能买到呢？是因为在这个 App 购买的鞋子只能在虚拟的数字环境下穿。通过这个 App 购买鞋子时，照片中买家的脚上就会穿着古驰的鞋子，这也是一种增强现实。

在日本，出现了真人大小的增强现实角色设备，并引发热议。这项名为全新全息虚拟 AI 角色机器人（Gatebox Grande）的服务，是利用 AR 设备实现真人大小的增强现实。但由于设备不便移动，还没有产生很大的需求，今后，有望在很多领域被广泛应用。

那么，前面提到的各种增强现实之间的共同点是什么呢？先来看看"战斗力探测器"和《宝可梦 GO》，他们来自漫画（见图 1-1），但古驰 App 和全新全息虚拟 AI 角色机器人并没有漫画原型（见图 1-2）。那么，共同点到底是什么呢？共同点就是焦点与现实的叠加，前面提到的增强现实内容都是虚拟信息与现实环境的叠加。

图 1-1 在游戏《宝可梦 GO》中，玩家通过智能手机在现实世界里发现"宝可梦"，进行抓捕和战斗

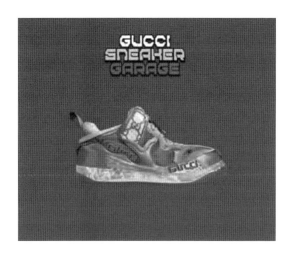

图 1-2　古驰虚拟球鞋定制 App 中显示的画面

如此看来，必须有真实存在的物质或人类，才有增强现实世界。也就是说，仅有增强现实，是无法形成世界观的，这是增强现实的最大属性。就像本书开头提到的，我们小区举办国际比赛时，一个啤酒肚前辈身体上叠加了著名球星一样。如果没有啤酒肚前辈的真实存在，那么就没有著名球星叠加的空间了，正如，没有地方画就无法完成画作一样。如果说现实中的环境是画纸，那么增强现实就是画纸上的作品。

根据英国市场调查机构 Ovum 数据显示，增强现实的市场规模将从 2020 年的 18 万亿韩元[1]增长到 2025 年的约 47 万亿韩元。另外，增强现实服务带来的广告市场规模预计也会大幅增长，到 2025 年达到 33 万亿韩元左右。也就是说，它的广告市场占有率将不亚于目前

---

[1] 根据中国银行 2021 年 12 月 2 日外汇折算价，1 人民币 ≈184.84 韩元。（译者注）

在网络广告市场独占鳌头的两大巨头 YouTube 和 Instagram。因此，人们对增强现实的关注度会持续走高。

第二个要了解的元宇宙世界观就是生命日志世界。生命日志是指"记录生活"，即指记录爱好、健康等全部生活信息，不单是用户保存的信息，还包括利用 GPS、传感器等自动记录的定位信息和生命体信息等。例如，我们常用的 Facebook、Instagram、Kakaotalk 等社交媒体，可以说就是典型的生命日志世界。我们在使用这些社交媒体时，有些信息是我们挑选上传的，但是位置信息等数据通常自动上传，这些包含信息及数据的记录就是生命日志。

有人会问："上传信息或记录这种事，何必选用世界观这种宏大的词汇呢？"生命日志世界是我们所生活的现实世界与其他幻想因素相结合的世界。人们在生命日志世界上传的东西并不是未经修饰的全部日常，在生命日志世界观中，人们通常仅以公开社会性自我的姿态活动，剔除了本人不想给别人看的那些瞬间，只分享希望得到反馈的特定瞬间。可以理解为，与第二自我相反，分享的是与突出个性化自我的多重人格形象相反的自我。那么，前面提到的元宇宙，就是在"现实的自我"中除去"不想展示的自我"，再加上"理想型自我"的世界。因此，生命日志世界观运转的基本机制是以反馈为基础，这是一个按照自己的意愿修饰并展示社会性自我的世界。我认为这是目前对生命日志世界最恰当的表述。

社交媒体只是生命日志世界中的一例，有些人将生命日志世界观视为一个已经完全开发的市场。但生命日志世界非常庞大，用途无限。生命日志记录的方法大致分为两个轴。首先，根据用户是否直接记录，分为主动型和被动型方法，按照社会性自我优先，或是个性化自我优先的标准，又需要进一步划分。总体来说，共有四种划分办法。例如，作为生命日志世界代表的 SNS，先是用户可以主动记录生活，这就具有了主动性格，由于是个性化自我优先的生命日志世界观，综合起来就是重视主动性和个性化自我的生命日志元宇宙。即使 SNS 世界观是已经完全开发的市场，其他三个部分仍然是有机会的，进军这些部分的企业目前几乎没有。如此看来，生命日志世界还有很多尚未开拓的领地。正如序言中所提到的，可以与虚拟存在（Virtual Being），即 AI 相结合，也适用于未来产业的代表即无人驾驶汽车产业，这样的元宇宙就是生命日志世界。对商人来说，称之为机会的沃土也不为过。

此外，生命日志世界与大家都听说过的"大数据"关联很深。随着计算机问世，网络广泛传播，个人智能手机日益普及，整

> **《她》**
>
> 该片由主演电影《小丑》而闻名世界的演员杰昆·菲尼克斯（Joaquin phoenix）担任主角，于 2014 年上映，同年获得奥斯卡金像奖、最佳原创剧本奖。由于当时苹果公司推出的 AI 智能语音助手 Siri 已面世并广泛使用，因此人们欣然接受了这部电影，全球票房成绩和评价也相当不错。
>
> 主人公西奥多是一位代写信件的代笔作家，生活孤独。有一天，他买了一部装有 AI 的智能手机，故事由此展开。最初，能与 AI 萨曼莎聊天就让西奥多感到很满足，并渐渐产生爱意，后来，两人坠入爱河。渐渐地，西奥多对与萨曼莎的关系产生怀疑，而萨曼莎则对自己的存在感到纠结，剧情逐渐走向高潮。

个世界陷入信息的洪流之中。这时出现了大数据这一概念，大数据是指处理万亿字节以上的数据或更大数据的程序，这里并不是要强调数据之多，它的出现是陷入信息洪流之中人们的救命绳。

随着生命日志世界的发展，与以往智能手机上的信息量不同，维度不同的信息量涌向世界。因此，大数据的准确性和重要性将会提高，生命日志世界也与日渐精致的世界建立了紧密关系。或许有一天，我会爱上植入符合我价值取向信息的AI，就像电影《她》（Her）一样。

第三个要介绍的元宇宙世界观是镜像世界。我们常用的镜子，是把镜子里投射的事物或人的图像进行复制成像。元宇宙镜像世界也一样，像复制真实世界的形态、信息、结构等一样，创造出来的世界被称为镜像世界。

镜像世界并不是单纯地复制现实世界就可以的简单世界，而是要对复制的信息进行高效性和扩展性处理，从而能轻松处理更多信息的世界，它不仅要展现与现实一模一样的形态，更要像迪士尼世界里的魔镜一样，展现出比现实更漂亮、更便捷的图像。

听到关于镜像世界的讲解后，有些人会问，增强现实和镜像世界之间是不是几乎没有差别呢？两个元宇宙看似相似，但却是完全不同的概念。首先，增强现实采用的是在现实世界中的物体或人之上叠加幻想元素或新信息的方式。事实上，增强现实也采用传递技术信息的方式，但常用的信息中有很多幻想因素在现实中是看不到的，就像我们在使用《宝可梦GO》时，屏幕上出现一些现实中不存在的可爱的"宝可梦"一样。

镜像世界恰恰相反，与幻想元素相比，更注重传递现实世界中的信息，使信息叠加在镜像世界这个虚拟空间之上。简单地说，镜像世界在虚拟空间之上，叠加了现实世界的信息，关键是要使之看起来更舒服，传递效率更高。

乍一看，两个元宇宙世界是截然不同的，但，镜像世界和增强现实经常被一起使用。例如平视显示器（HUD），它投影在最近推出的车辆前方的玻璃上，HUD向驾驶者显示有助于驾驶的信息，例如导航和当前速度。投影到HUD的信息是现实中存在的真实信息，这就是镜像世界元宇宙的应用。在一个世界里面包含各种信息，这是镜像世界的优点事例。重要的一点是，我们使用增强现实方法在现实产品上标出虚拟信息，而不是用传统镜像世界来展示信息。这有助于提高可视性，从而帮助用户理解概念。因此，HUD算是集合了两个元宇宙优点而成的元宇宙。

镜像世界的企业往往没有直接的产品或地址，根据其他人和群体所创造的信息，有些企业采用一种新的方式，将以前没有数据化的部分构建成新的形态，将信息进行加工，并将其投影到镜像世界中。

以一家可以看作一种镜像世界的共享经济企业Uber为例。Uber以车载共享系统向市场迈出了第一步。Uber于2009年在加利福尼亚州圣弗朗西斯科成立，通过将共享车辆转租给乘客来赚取佣金。当然，公司也有一部分车辆，但Uber能够像现在这样坐在初创企业的宝座上，共享车辆功不可没。如此，在Uber的商业模式中，公司产品所占的比重非常小。

那么，为什么人们如此热衷Uber，甚至愿意提供自己的汽车呢？虽然有很多原因，但从镜像世界的角度看，用户认为Uber通过镜子给人们照亮的世界是美丽的，与以前我们使用的服务相比，在镜像世界提供的服务虽然看似简单，但却极具创新性。总结一下，将原本存在的物理现象或情况，选取未被进行数据化处理的部分，作为镜像世界的底图，再对用户制造的信息进行加工，积累增值信息，就是Uber等镜像世界企业的商业模式。

事实上，镜像世界是所有企业通用的世界，不仅是产品和服务，更是指给消费者一个想展示企业自身或吸引消费者的世界。与以往的机制相反，这相当于消费者向卖家提问："你们能展示什么？"将来，在这里，答案将变得更加重要。古邦（Coupang）、"外卖民族"、爱彼迎（Airbnb）等已经建成的镜像世界乍一看就显得很简单了，似乎只是把现有的信息拼凑在一起，其实镜像世界并非那么简单。

一方面，镜像世界很单纯，有人讥讽其为现代版的《凤伊金先达》①。另一方面，还有人说风凉话，认为餐厅、车辆、宿舍等对生活有巨大影响的部分，已经投影到镜像世界里了。

但镜像世界不是那么狭义的世界。在我们所生活的物理地球的要素中，只有一小部分被投影到镜像世界。例如，"晚上11点不睡觉，正在努力学习的考生的分布""把家里不用的运动器材借出去的人群分布"等。很多现实的信息都还没能进入镜像世界。这些事情看起来太琐碎了吗？不是这样的。被称为镜像世界元宇宙典范的外卖民族，最初只是加工"居家点餐饮食店的分布"的信息，然后投影到镜像世界里而已。当然，未来以何种方式加工物理地球中的信息，投影到镜

---

① 《凤伊金先达》是韩国的古装喜剧电影，根据韩国民间古典小说改编，以朝鲜时代为背景，讲述了时代巨骗金先达的故事。（译者注）

像世界，是企业家的责任。在盈利模式方面，我们也要考虑很多问题。最重要的事是，现在还不算太晚。我想，未来镜像世界将呈现的世界规模，是现在难以想象的巨大。如果你听到身边有一些微小的需求，请留意这些声音。

最后要说明的元宇宙是虚拟世界，这可以说是人们最熟悉的元宇宙。虚拟世界，字面意思就是电影或游戏中出现的虚拟网络空间，是最符合元宇宙的世界。人们通常认为的元宇宙就是虚拟世界，即建立一个在现实中并不存在的、完全不同的世界。

在虚拟世界中，一切都是自由的。空间、时代、文化背景、制度等，一切都可以重新诞生，这是一个充满无限可能的世界。有些人单纯地认为只有虚拟现实才是虚拟世界，事实上，虚拟世界的范围比它更广泛，我们经常玩的网络游戏也是虚拟世界。这里重点要提一提在线角色扮演游戏（Role-playing Game，RPG），线上 RPG 游戏在虚拟空间里形成了一个社会，其中既有流通的货币，也有专属的文化，有着与现实完全不同的环境。

虚拟世界可以大致分为游戏形态和非游戏形态。《魔兽世界》（*World of Warcraft*，WOW）、《堡垒之夜》（*Fortnite*）、《天堂》（*Lineage*）等各种网络游戏都是典型的游戏形态的虚拟世界。具有游戏特性的虚拟世界基于一定的规则，决出胜者或追求自己的目标。游戏形态的虚拟世界具有很强的在现实中感受不到的探险和冒险属性。与之相反，非游戏形态的虚拟世界具有较强的社区性，没有特殊的目标或竞争，只是相互交谈，分享经验，打发时间。典型案例有《第二人生》（*Second Life*）和 *VR CHAT* 等。

因此，基于 2D 和 3D 的虚拟世界元宇宙也深受人们的喜爱，但人们最期待的虚拟世界还是虚拟现实，虚拟现实已经是经常出现在电影、书籍、游戏等各种内容媒体中的常客。那么，人们为什么对虚拟现实如此狂热呢？有很多种解释，但我认为主要仰仗两个因素：第一就是渴望以虚拟现实来实现现实中难以满足的"尊重需求"；第二就是人的本性之一——"有趣"。

首先，让我们来看看尊重需求与虚拟世界的相关性。人们开展某些活动的目的是要获得幸福，在公认的"马斯洛人类需求五层次理论"中，"尊重需求"超越了许多自然需求，位居前列。在尊重需求之上，只有"自我实现需求"。可见，人们渴望得到认可和尊重的欲望很强烈，原因很简单，获得他人的认可，进而认为自己是个有用的人，获得心理上的安定和满足。

然而，现代社会不断朝着鼓励竞争的方向发展。在这个过程中，第一名和不成功的人之间差距拉大了，第二名、第三名不被认可。这句话的意思就是，得到他人认可，满足尊重需求的人，是极少数人。再加上，大部分社会生活是，由于昨天的工作与今天的工作差不多，所以也没什么特别值得认可的瞬间，甚至连明天要做的事情也大体差不多。孩子们的学习也一样，即使努力，也不会在短期内出现大的变化。更何况，不仅是我在努力，竞争者同样在拼命努力着。因此，有时我们用尽全力，准备了数月，甚至数年去参加考试，但名次却依然停滞不前。

当人们得不到认可而闷闷不乐时，就希望在其他活动中满足他们的尊重需求。获得最简单的尊重需求的窗口就是游戏，虚拟现实也是如此。虚拟世界中存在着不同于传统社会规范的规则和秩序，而且，虚拟世界的周期比大部分日常的周期要短。拿考试来讲，就如同每天或每周考试一样，这也是一种能充分获得成就感的考试。这就是人们热衷虚拟世界的原因，在这里容易获得成就感，满足尊重需求的世界。所以，有些人常说，这不是逃避现实中遇到的困难吗？当然，这话没有错。这种现象现在依然存在，而且今后它的出现频率也会增加。即使这样，我们也不能忽视虚拟世界的价值。我认为，未来虚拟世界将不仅是一个脱离现实的幻想空间，而将演变成一个创造各种经济、社会和文化价值的数字地球。

虚拟世界受到青睐的第二个要素就是"有趣"。人类通过感觉器官感知来自现实世界的各种信息和数据，并从中获得乐趣，虚拟世界提供着不同于现实世界的感官刺激。有时候，人们一边痴迷于恐怖的电影和游戏设施，一边发出这样的疑问："那么可怕，为什么会这么开心呢？"喜欢这些的人会回答说，"刺激"，兴奋之情溢于言表。"刺激"就是来自外界的信息，它快速而强烈地刺激人类的大脑。

当人们身临其境时，就会感知到乐趣。沉浸感也与存在于人脑中的镜像神经元有关。意大利神经心理学家贾科莫·里佐拉蒂（Giacomo Rizzolatti）教授发表了一项研究成果，研究的主题是，通过让猴子做各种动作，观察其大脑神经元的反应。有一天，里佐拉蒂教授发现了一个非常有趣的事实，一只猴子即便只看到其他猴子或人的行为，神经元做出的反应却像它自己在移动一样。换言之，即使不亲身体验，只看或听，却有了与亲身经历时相似的感觉。这种镜像神经元的存在说明，从心理学角度讲，通过与他人的共鸣和模仿实施教育，对人类同样适用。同样，在虚拟世界中，当你感到身临其境时，也是镜像神经元在发挥作用。即使没有亲身经历，只通过视觉或其他感官的信息就能充分沉浸其中。

至此，虽然我们了解了人们对虚拟世界表现出如此大兴趣的理由，但仍然留下了一个疑点。为什么人们在四种元宇宙属性中唯独对虚拟世界更狂热和期待呢？先从结论看，是因为人的视觉感知。人类获得的信息超过80%来自视觉，这也就意味着，视觉信息对于满足前面提到的认可、乐趣等欲望是最有效的。在元宇宙中，提到"视觉"就会想到一项技术，就是VR。VR是专为感受视觉真实感而打造的最佳设备，因此，它也被称为元宇宙的代表性设备。

VR带来的真实感，超越时空，给人们带来实实在在的新世界的感受。在这里，它超越了传统电影或绘画等视觉内容产品，具有两个好处：第一个好处是幻想。在现实中不存在的世界、遥远的世界、过去与未来并存的世界，这些人类所梦想的世界，在虚拟世界中都可以成为现实。当然，电影中也有科幻题材和魔幻题材，但我们可以亲身体验的部分却寥寥无几，只是感到替代性的满足而已。第二个好处就是安全感。如上所述，人类喜欢寻求新的刺激，喜欢冒险和旅行的理由也反映了人类的这种倾向。不过，为了获得成就感而挑战自己或探险，大多都会带来风险。再加上，在现实生活中，受维持生计等问题的制约，人们难以挑战新的东西，而使用VR可以极大地降低挑战带来的风险。

有人说，当我们通过VR挑战虚拟世界时，已经知道都是虚拟的，所以不会感到有趣。但这是一个错误的想法。比方说，我们到猛兽聚集的丛林去探险，这时，大脑的扁桃体会随着肾上腺素的喷发而同时感受到危险和刺激。假如在现实中遇到这种情况，大部分人甚至无暇感受刺激，因为在危险情况下压力很可能超过极限容值。但是，如果你通过VR设定这种情况，你会感到危险的压力，但也知道这不是真实存在的，通过大脑的前额皮质来判断自己是安全的。也就是说，既感到危险，又同时感到安全，体验就会转化为乐趣，而不是恐惧。

这样，在接触虚拟世界的定义时，应该把它看作一个混合了心理、文化、社会等不同领域的复合型世界。当然，单纯地把虚拟世界元宇宙看作技术的进步，这种想法是不对的，也有一些人仍然认为VR仅仅是技术上的一部分。有一次，我认识了一位长期从事游戏行业的朋友，他说道："我们已经在做的VR游戏不是虚拟世界元宇宙吗？"我认为这句话充分表明，现在人们依然在用非常狭窄的视觉来看待元宇宙。同时也暴露了一个事实，那就是现在人们对元宇宙的认知还很模糊。要成为元宇宙，需要具备几个属性。下面，我们一起来了解一下元宇宙应该具备哪些属性。

"香料"和元宇宙

人类的文明同香料的传播一脉传承。在中世纪的欧洲，香料曾具有与同等重量黄金相同的货币价值。哥伦布发现美洲大陆，麦哲伦环球一周的目的也都是为了寻找香料。以这些历史性的事件为契机，西方国家开始了对殖民地的统治。一方面提到了关于元宇宙的特性：另一方面又提及了香料，肯定会有人感到诧异。提到香料有两方面的原因：首先，元宇宙同过去的香料一样，被比喻成改变世界的媒介。其次，形成元宇宙的主要特性也称为 SPICE 模型。

形成 SPICE 模型的属性有连续性（Seamlessness）、真实感（Presence）、互操作性（Interoperability）、同时性（Concurrence）和经济流（Economy Flow）。下面对相关概念逐一进行解释。

连续性

先来说一下连续性。前面定义元宇宙的时候，我们解释成"虚拟化身生活下的数字地球"，连续性与这里提到的"活着"有密切的关联。我们在讲"活着"的时候，最重要的是意味着存在的连续性。从早晨睁开眼睛到夜晚入睡，我们的经历和记忆会一直持续。人们的记忆并不像计算机一样，切断电源记录中止，打开电源记录继续。元宇宙也一样，一个虚拟化身在玩网络游戏的过程中，在移动空间中进行购物,与同事一起讨论业务,这些经历和记录均不会中断,而是保持连贯。

充分体现这种连续性的平台就是《堡垒之夜》。在《堡垒之夜》中有一个平台,可以用大逃杀的方式玩游戏,也可以在皇家派对空间观看演出。同时,还可以移动到社区空间与朋友聊天,这其中重要的是在一个平台上多个活动的行为一直未中断,且记录是连续的。每一个地方都不是新角色,而是同一个化身,就像我们在现实中度过一天一样,记录与信息相连接的性质就是连续性。

真实感

下一个属性是真实感。元宇宙是没有实质性物理接触的环境,化身之间的接触也并非我的身体与对方之间的接触。但在元宇宙中通过化身感觉到

> ### 香料的历史
>
> 据史料记载,从欧洲古罗马时期起,人们喜欢吃作为香料的生姜。从中世纪起,人们按照烹饪书上的做法,拿胡椒作为材料。肉豆蔻、胡椒等香料的价值在中世纪的欧洲还兼具某种商品的作用。
>
> 大部分香料的原产地是东方。中世纪阿拉伯国家将香料作为主要贸易商品卖给欧洲国家来积累财富。当时主要通过陆路进行贸易,通过水路的贸易非常少。
>
> 12世纪,十字军东征后,抢占香料贸易的竞争日趋激烈。到了16世纪,由于船舶的发展和航线的开拓,为获取香料的竞争从陆路扩大到了海洋。这些海上贸易航线也成为日后列强扩张殖民地的侵略路线。历史学家们也从这个角度将香料称为改变世界历史的食物。

的真实感是非常重要的。因为如果真实感下降，人们是会产生违和感的；一旦产生了违和感，紧接着便是背离现实的想法，痴迷感也会减弱。

构建元宇宙的技术部分与提升这种真实感有着很深的联系。我们经常使用的 VR 设备和 AR 设备就是提升真实感的技术产品。使用 VR 设备后，用户会感受到身临其境的真实感。正因为如此，许多大型公司都在致力研发 VR、AR 设备。美国 IT 业的先驱 Facebook[①] 发布的"Oculus Quest 2"仅在 2020 年第四季度就售出了 200 万至 300 万台，这与 2007 年苹果公司首次推出 iPhone 时的销量相当。随后，全球市值第一的苹果公司宣布，将于 2022 年推出搭载 12 台摄像头和视线追踪传感器的 VR 耳机。众多企业纷纷选择头戴式显示器（Head-mounted Display，HMD）或 VR 耳机作为智能手机的下一代电子设备。

但也有人认为，人们的视线过于集中在了 VR 耳机上，难道只有 AR、VR 才是合理的答案吗？当然并非如此。人们感受到的空间的真实感会因五感以及在情境和情感上的沉浸感受到较大的影响。举例来说，有一款名为"Hunt A Killer"的桌游，可以给参与者做侦探的感觉。让人惊讶的是，连接相应世界观的任何一个区间里都没有数据装备，选择想解决的事件并支付费用，进入世界观，最终会有一个小盒子配送到家，盒子里装的是用纸做的杂乱的线索。从那时起，用户凭借这些杂乱的线索调查事件、找到犯人，一旦将自己的推理发送给"Hunt A Killer"本部，就会有新的箱子送达。通常解决一个事件需要

---

① 2021 年 10 月 28 日，Facebook 公司 CEO 马克·扎克伯格宣布，将 Facebook 公司的名字改为 Meta。后文不再重复标注。（译者注）

六个月的时间，在这段时间里，现实生活中的教授、公司职员、CEO等不同职业人士都会在"Hunt A Killer"这个虚拟世界里做起侦探。

那么如何不刺激五感而又让人产生真实感呢？答案就在精心编织的故事中，正是这些故事唤醒了真实感。为让人感受到真实感创造出来的故事在英语中叫作"Narrative"（叙事），最近关于叙事的研究非常活跃，在心理、社会、医学等多个领域，都使用叙事表现人类心理，或者可以说是以个人或文化整体性相关的故事来构成记忆。

重新回到元宇宙世界观关于真实感的叙事中，到目前为止，叙事重要的是双向提供，而并非像电影或电视剧那样单向提供，过去的内容媒体，大部分供应商都采取了向消费者单向叙事的方式。再对比一下"Hunt A Killer"的例子，根据消费者的选择和倾向，是会产生不同的结果的，我作为世界观里的人物开展活动，在供应方和消费者之间引发互动。

最后，希望不要过分重视致力于实现真实感的 VR、AR 设备，这些技术设备如果没有好的叙事，也只不过是单纯的设备罢了，与单纯的设备性能相比，重点应该放到利用设备能做什么，能获得什么体验上来。

互操作性

接下来，要了解元宇宙的属性——互操作性，所谓互操作性是指现实世界与元宇宙的数据、信息相互联动的属性。通过元宇宙获得的信息和经验，并非仅适用于元宇宙世界观，而是可以与现实世界相互联动、相互补充的，这一属性即为互操作性。为实现互操作性，生命日志元宇宙必须被激活。

举例来说，谷歌和 NAVER 等搜索引擎中存在着智能镜头。通过智能镜头，我们将现实中的产品投射到屏幕上，就能了解产品的信息、评价以及销售地点。再举一个例子，当大家使用 Facebook 等社交媒体时，会看到根据你曾浏览过的信息推送的个性化广告。当然，这与利用用户阅览信息有关的法律观点存在争论，但确实涉及互操作性层面的问题。

最近受到各国广泛关注的区块链技术与互操作性息息相关。有些人只知道有被称作"Coin"的虚拟货币相关技术，但实际上区块链覆盖的领域更加广泛，绝不止这些。区块链技术不是将数据存储在一个服务器上，而是在数台计算机上复制、存储的分布式数据存储技术。你也许会问，分享、存储信息有什么大不了的？在中央服务器上存储数据的传统方法似乎容易遭到伪造或篡改，这样就出现了中央服务器的可靠性遭到怀疑的情况。但是，在每次交易时，分布式数据都很容易利用复制存储在其他服务器上的数据来对比伪造情况，这也正是虚拟货币出现的背景。货币是一种社会性承诺，如果说有人对一种货币拥有全部权限，人们就不会再相信这种货币的透明度了。复制、存储的信息提高了社会承诺的可靠性。

区块链同样也提升了元宇宙世界商品的可靠性，让我在数字地球使用和赚得的商品在社会上变得有意义。最近，我注意到使用区块链的游戏公司中有超过 100 家公司打算建立一个名为"项目巴士"的组织，将游戏中的物品和货币与现实相互挂钩。当然，要利用区块链技术来保护和存储这些商品。虽然据说目前还处于磋商阶段，但很明显，这些举措会给增强元宇宙的可交互性。

同时性

同时性是指多个用户同时在一个元宇宙世界观中活动，意指营造在相同的时间、相同的虚拟世界里进行不同体验的环境的属性。这就是迄今出现的虚拟现实游戏不足以成为元宇宙的原因，仅仅千篇一律地遵循他人给予的经验，很难算是元宇宙。

之前，我们把"数字地球"这个词选为代表元宇宙的一个词，当被问到你认为地球是什么样子的时候，各种形状和社会都会浮现在眼前。根据自己现在生活的文化圈，看待地球的姿态会各不相同，或许有人会想起形而上学的形态，但无论是谁都不会想象到只有自己一个人的地球。同样的道理，在数字世界里，只有一个人的空间也不会称为社会或地球，因此，即使开放一个包含与现实世界里一模一样的风景和地形、建筑的世界平台，在单独一人活动的情况下，也难以感受到与现实世界一致的情境，这是因为缺乏同时性。

经济流

最后要解释的属性是经济流，就是说应该存在根据平台提供的货币和交易方式，用户自由进行货物和服务交易的经济流动。事实上，被称为"经济性"的这种所谓流动，是存在于前面提到的其他属性中的根本性问题。从人类历史来看，大事件的原因和根本里都存在经济上的矛盾和流动。同数字地球一样，与现实世界相似的是，经济流动也十分重要。前述游戏公司组织"项目巴士"正是基于对元宇宙的经济流动十分重要的认识，才组建了这个组织。

此外，进化后的元宇宙必须与不同的元宇宙或物理世界保持经济活动。特定的元宇宙已经拥有与物理世界相连的经济体系。后面还会详细进行阐述，比如元宇宙的代表平台 Roblox，其使用的货币 Robux 是可以与实物货币进行经济互动的。你可以用美元或韩元购买 Robux，同时你也可以把 Robux 兑换成现实的商品。对于海外年轻人来说，他们在 Roblox 上花费的时间比在 YouTube 上更多。在 Roblox 上，用户自己创作各种内容出售赚取 Robux，甚至有人靠这种方式积攒 Robux，兑换成现实的财物。与此同时，在 Robux 急剧增长的背景下，选择靠元宇宙内活跃运转的经济体系生活的也大有人在。

到目前为止，我们已经了解了元宇宙所具有的特性。因为还有其他各种复杂的性质，你可能认为它还是遥远的未来，但是崭新的数字文明已经悄然兴起。元宇宙不是转瞬即逝的趋势。就像过去中世纪香料带来的改变一样，元宇宙也将成为震撼世界的新事物。从现在开始，希望我们抛开"元宇宙是虚拟现实"的单纯思维，为新的数字地球带来的变化做好准备。从现在开始，元宇宙将如何影响人类，它的价值有多大，将带来什么变化，让我们拭目以待。

02

元宇宙：新的文明

智能手机革命与元宇宙新文明

"今天，苹果将重新定义手机。"

2007年，史蒂夫·乔布斯（Steve Jobs）的这一句话开启了智能手机的时代。当时市场的反应是爆炸性的。人们对智能手机的狂热程度比过去互联网刚面世时还要猛烈。人们预测智能手机的出现将会是改变世界的第二次IT大爆炸。此后，苹果的人气直冲云霄，吸引了全球数以万计的忠实客户，最终成为全球首家市值超过2万亿美元（约合2 400万亿韩元）的企业。

苹果公司从一开始就是这么了不起的企业吗？苹果公司始创于20世纪70年代。史蒂夫·乔布斯和他的朋友在车库里研发计算机，这便是苹果公司的雏形。早期，他们制造出了苹果（Apple）系列计算机和麦金塔（Macintosh）计算机，占据了很好的市场，但很快就被比尔·盖茨领导的微软赶上并超越。苹果一度想要东山再起，推出了各种计算机操作软件和硬件，但仍无法对抗微软的便利性，从此公司开始走下坡路。后来，由于开发下一代操作系统失败，苹果公司甚至面临走向破产的边缘。

几乎走入绝境的苹果公司在2007年发布了iPhone，实现了华丽的再生。接着又推出iPhone系列手机，成为智能手机时代的领跑者。随后，三星、微软等众多全球性公司进军智能手机市场，但除了几家企业外，大部分的企业却像晨间露水一样蒸发了。十几年过去了，尽管当年领军苹果的史蒂夫·乔布斯已经去世,但苹果公司仍未失去全球市值第一的位置。

随着智能手机时代的来临,传统的产业结构也发生了巨大的变化。以前,与石油相关的企业控制着市场,但现在这种荣耀已经成为过去时了。当传统产业停滞不前的时候,有一些企业却以巨大的发展势头培育着新的公司,这就是"MAGA"和"FAANG"。

MAGA 是微软、苹果、谷歌和亚马逊这四大美国 IT 行业龙头企业的首字母缩写。FAANG 是 MAGA 中除微软以外的公司,包括 Facebook 和 Netflix 公司在内的企业首字母

> **谷歌眼镜(Google Glass)**
>
> 这是谷歌宣布将于 2012 年底完成的可穿戴 AR 设备。2012 年首次在 YouTube 和技术发布会上等平台上进行了演示,获得了好评。
>
> 但是上市的 Google Glass 却因为侵犯个人日常隐私、安全性差、发热等诸多问题而受到了消费者的冷落。最终,早期的谷歌眼镜以失败告终。
>
> 此外,现在微软的 HoloLens 以及亚马逊的亚马逊 AR Glass 在谷歌停滞不前期间占领了市场。未来,面向普通用户的谷歌眼镜何时上市仍是未知数。

缩写。尽管人们对这些企业的称呼多种多样,这些最顶尖的企业也各有千秋,但是大家对这些企业主导了智能手机时代的事实显然没有异见。

苹果公司是靠智能手机的普及以及与手机有直接、间接关联的业务发展壮大公司。微软的云服务器、Facebook 的社交媒体、亚马逊网站的订阅式分销服务和谷歌的 YouTube 无一例外都应用了智能手

机这一商业模式。

企业壮大的同时，也给投资人带来了可观的财富。有些人遗憾地说，他们过去没有投资这些企业，但机会还在。因为，如果说智能手机是一场革命的话，那么元宇宙就是新文明的开始，而且将带来比智能手机时代更多的产业结构上的变化。十年后你还会一边说着"当时应该好好了解一下……"一边后悔吗？

需要强调的是，前面提到的美国顶尖 IT 公司已把元宇宙确立为未来的产业。我们将在后面详细讨论，但首先让我们简单介绍一下他们正在进行的与元宇宙相关的业务。首先，来看微软和亚马逊网站，他们的旗舰商业模式——云服务器服务与元宇宙紧密关联。元宇宙需要大量的数字流量，而这需要稳定的服务器。其次，Facebook 是生命日志元宇宙最具代表性的事例，目前正在致力于研发 VR 设备"Oculus Quest"。苹果公司同样热衷于开发 VR 设备，2020 年 5 月还收购了虚拟现实科技企业中规模最大的"NextraVR"。谷歌推出了一款名为"Google Glass"的 AR 眼镜，原本想在市场上风光一把，却从惨败告终。

Netflix 以不同于上述企业的视角关注着元宇宙。Netflix 是传统内容行业的佼佼者。据悉，2021 年，全球 Netflix 用户已超过 2 亿人。OTT 市场的新兴强者"迪士尼+"累计用户超过了 1 亿人，但至今 Netflix 依然稳居世界第一。Netflix 的业务部门以内容为主。这意味着 Netflix 的客户端是业务到客户（B2C），而不是业务到业务（B2B）的模式，它也不是被消费者用于维持生活，而是被用来度过"闲暇时光"的。因此，令 Netflix 担心的挑战者不仅是来自同一 OTT 市场上的竞争对手，而是人们用以消遣业余时间的所有平台。元宇宙时代到来后，人们如何打发闲暇的时间呢？答案是显而易见的，那就是在元宇宙世界里消磨时间的可能性很大，因为就算把元宇宙称为"内容的海洋"也绝非戏言。

这样看来，元宇宙算是 Netflix 的直接竞争者吧。但是我认为，Netflix 绝不会只做元宇宙的旁观者。我们需要再次回忆一下 Netflix 迄今为止的业务模式。目前，Netflix 已经买下了全世界所有看起来很有趣的视频内容。无论是谁创造的，如何创作的，只要内容足够有趣，Netflix 都将其融入到了自己的平台。这种操作也很可能适用在元宇宙上，最后极可能是以各种方式将元宇宙世界融入 Netflix 平台。

为此，必须有一个前提条件。Netflix 既有的运营方式是单向的。换言之，消费者只是消费 Netflix 提供的内容，但是元宇宙世界观一般也要为消费者提供让其成为创作者的内容。为此，我判断 Netflix 今后很可能会朝这个方向逐渐转变。

排名全球前 1% 的公司正在争先恐后地准备成为元宇宙的主导者。难道拥有巨大信息量和技术实力的他们只是因为元宇宙看起来妙趣横生才去推动这个项目吗？我认为绝对不是。如果说诸位在过去智能手机初上市时，因未能了解而错过这些企业而感到遗憾的话，那么我希望从现在开始你一定要关注元宇宙。世界已经因为元宇宙的出现而发生了翻天覆地的变化。现在，让我们来结合几个具体的事例，详细了解元宇宙将带来的变化。

与数字人类共存

法则1：机器人不能伤害人类，也不能在人类受到伤害时袖手旁观。

法则2：除非违反法则1，否则机器人应该服从人类的命令。

法则3：在不违反法则1、法则2的情况下，机器人应该保护自己。

你看过这些法则吗？上述三个法则是2004年上映的电影《我，机器人》中序幕部分出现的"机器人三原则"。电影《我，机器人》因好莱坞票房明星威尔·史密斯（Will Smith）的出演而大受欢迎，深受观众喜爱。

影片以AI和人类的冲突为主题，开头场景是警察威尔·史密斯有一天前往调查一个被称为"机器人之父"的人物死亡事件。在调查事件过程中，不受上述"机器人三原则"限制的机器人攻击威尔·史密斯，情节扣人心弦。在电影中出现了和人类共存的机器人，也有和人类为敌的机器人。事实上，电影《我，机器人》讨论的话题，是过去一直受人关注的话题。人们对于人类时代是否已结束，AI时代是否会到来的问题常常感到兴奋和恐惧。前面提到的电影《黑客帝国》也涵盖了类似的话题。各类媒体也将此话题列为主题，足以佐证人们确实十分关注。

当然，现在还很难对AI能否主宰人类的考问给出明确的答案。

但可以肯定的是，随着AI的发展，我们的生活方式将会发生巨大变化。事实上，几年前，当人类与AI展开世纪对决时，这一现象就开始越发受到关注。谷歌的AI"阿尔法狗"与围棋棋手李世石的对决，成为街头巷尾热议的话题。虽然"阿尔法狗"以4胜1负获得了胜利，但在第四场大战中，李世石还是以令人叹为观止的一招击败了"阿尔法狗"。从AI和人类进行围棋比赛开始，人们开始对AI表现出更浓厚的兴趣。

可能会有人说为什么突然谈论起AI？事实上，元宇宙和AI有着密不可分的关系。为了解这一点，我们必须先了解AI是什么。人类想象中的AI原型来自科幻，常在科幻电影中看到的外表像人一样、像人一样行动、像人一样思考和说话的存在，这正是人类长期以来想象的AI的形象。

> ## "阿尔法狗"和李世石的世纪围棋比赛
>
> 2016年展开的谷歌"阿尔法狗"和围棋棋手李世石的围棋比赛，因AI对人类最强者发起挑战的概念，被正式命名为"谷歌深度思维挑战赛"。
>
> 谷歌真正的考量是不在乎"阿尔法狗"的输赢，其目的是告诉全世界，他们的AI已经发展得可以和曾经称霸世界10年的李世石棋手比赛了。在这之后，从"阿尔法狗"成为AI的代表用语来看，这场比赛成为一场成功的营销。
>
> 比赛的结果是"阿尔法狗"四比一获胜。但至今，让人津津乐道的是第四局中，李世石下出被称为"神之一手"78手后，"阿尔法狗"就出现了失误，下了一手让人无法理解的棋子，最终败给了李世石。

但从目前来看，要实现 AI 跟人类一样，在技术和商业层面上还有很多障碍。从技术层面讲，很难把人的动作全部嵌入一个和人差不多大小的机器人里。即使能嵌入进去，从商业层面上讲，要完成商业化还需要很长的时间。通常，如果要把精密的机械部件进一步缩小，无疑会增加制造的困难和成本。

那么，我们要见到想象中的 AI 会遥遥无期吗？不是的。元宇宙的出现会提供解决的方案。要实现跟人类形态一样的 AI 还很困难，但实现跟人类一样思考和说话的 AI 就指日可待了。在元宇宙里，我们将遇到的就是能跟人类一样思考和说话的 AI。当然，这是靠图像实现的化身形态，并非存在于现实空间里的机械类人类机器人，不过这将大大降低技术成本和费用。也就是说，无论是技术层面还是商业层面，元宇宙都算得上是 AI 发展的好平台。

不过，对于通过元宇宙推动 AI 发展，也并非没有忧虑。随着 AI 的发展，肯定会有职业被淘汰，很多职业将会自然地消失。

或许正因为如此，人们非常关心随着 AI 的发展，自己的工作还能否保得住。著名未来学家托马斯·弗雷（Thomas Frey）撰写了关于第四次工业革命的《未来年表》一书。他在书中预言，到 2030 年，世界 500 强企业中将有一半的企业会消失，全球就业岗位将因此减少 30 亿。他还以十年为单位划分了时代，并进行了总结。他将 21 世纪 20 年代称之为"职业变化的时代"。事实上，我认为即使不是著名的未来学家讲出这些观点，大家仍然会对第四次工业革命对职业的影响有着切身的体会。那么，我们现在不妨来了解一下，随着以 AI 为代表的第四次工业革命的进行，哪些职业会消失，哪些职业能生存下来。

未来学家们预测未来最有可能消失的高危职业包括"通信服务销售员"（99%），"报关经纪人"（99%），"贸易、经理、办公室助理"（98%），"染色、制鞋、塑料制造从业人员以及家具制造业组装人员"（97%），"运输、会计、税务相关从业人员"（95%）。职业后面的数字是表明相应职业消失可能性的数值，从中可以看出超过 90% 概率的职业都有可能会消失，比例高得离谱。从高风险职业来看，主要涉及制造业或与会计相关的职业。对于这些职业，未来学家们判断今后机器人将会比人类更能准确地完成任务。

在此之前，一些人只要一看到工作就会感到头疼，但今后恐怕又要担忧该选择什么样的职业了。一提起这些话题，人们大多开始把视线转向了艺术。人们普遍认为，在音乐、文学、美术等人文艺术创作领域，AI 难以发挥作用，但这样的想法未免太小瞧 AI 了。

早在 2019 年，美国开始销售由 AI 作曲的音乐。据说韩国也有名为 "EvoM" 的 AI 作曲家在进行谱曲。实际上，有些歌手正是凭借着 AI 作曲家的歌曲出道的，AI 甚至也会演唱。某频道曾播出过一档名为《AI vs 人类》的节目，AI 用已故歌手金光锡的声音模仿演唱了金范秀的歌曲《想你》，引起了人们极大的兴趣。不可思议的是，《想你》这首歌是在 2002 年创作出来的歌曲，金光锡则是在 1996 年去世的，也就是说以故人的声音逼真地重现了他生前未曾听到的歌曲。对此，AI 创作者曾表示，即使不用训练，通过深度学习技术，AI 甚至可以将歌手的节奏、颤音等表演到位。

那么，靠写作为生的作家呢？2016 年在日本进行的小说大赛中，AI 写作的小说通过了预赛。从最近在 KT 和韩国文化产业振兴院共同举办的 AI 小说大赛上获奖的作品中，可以看到 AI 写出的那些让人难以置信的华丽辞藻。

当然，现在 AI 还无法单独创作出完整的小说。写出包含着作家想表达的问题意识和哲学等内容的文字，对于 AI 来说还是个不小的挑战。而且，由于 AI 通过大数据使用人们常用的句子，会沿袭记录下人们经常性打错的文字，因此似乎还无法完全替代人类。不过，以目前的发展速度来看，在不久的将来，读者们或许将迎来一个可以在 AI 作品和人类作品之间有选择地进行阅读的时代。

人们越来越多地在多个领域尝试用 AI 替代人力。但从现在开始，你不必过于担心。不妨重新读一下未来学家托马斯·弗雷的言论，他曾经说过，到 2030 年左右，很多职业都会消失，但新的职业将会随之诞生。他以过去 19 世纪美国的情况为例，发表了针对未来的观点。他表示，在 19 世纪，美国有 70% 的人口从事农业，但现在只有 2% 的美国人口从事农业。然而，现在增加的粮食产量却是过去无法达到的。这也就是说，一旦使用 AI 或机器会提高工作效率，让少数人去做更多的事情，这意味着人们可以将更多的时间投入到其它的工作中去。与此同时，托马斯·弗雷还提到了关于职业本身的定义有可能发生改变。例如，他指出，与会计有关的行业虽将沦为第四次工业革命后极可能消失的职业，但也并不会完全消失，而是使用的工具和工作方式会有所改变。

还有其他的研究结果。奥地利的一项研究表明，各行各业在进行自动化和数字化转型的过程中，新创造的工作岗位数量会比淘汰的工作岗位多。预计新工作岗位达 39 万个，而消失的岗位约为 7.5 万个，相差 5 倍左右。不过，这项研究结果是有前提条件的，那就是仅限于数字化转型较大的行业。对于数字化转型较少的行业来说，反而有更多的工作岗位将消失。

单从数学的角度看研究结果,会觉得正是由于第四次工业革命才产生了大量的新工作岗位。但这里有一个问题需要我们思考,即我们不得不考虑新创造出来的工作岗位的"质量"。在我们的生活中,有工作的不在少数,但并非有了工作岗位就感到幸福。在过去的几十年里,由于工资差距造成的社会两极分化,也是必须直面的热点问题。我认为,AI 的发展到底会成为解决社会两极分化的"英雄",还是会成为进一步拉大差距的"恶棍",是一个有待观察的问题。

到目前为止,我们已经了解了 AI 的发展给现实世界带来的变化。在元宇宙内部,AI 的发展也会给员工带来巨大的改变。首先,随着 AI 的发展,元宇宙内部的世界会逐渐让人感受到越发接近现实世界的真实感。因此,在元宇宙内部工作的人将会越来越多。简单讲一下这种变化的话,就是在元宇宙内部工作的人们,无论职位如何,都将会与像自己私人秘书一样帮助自己的 AI 一起工作。尤其是 AI 可能会取代人工,构建公式,进行数值计算,从而让工作更快、更方便。

以上提到的改变,都是站在工人的视角来看待 AI 的发展。当然,社会上并非仅有工人。通常,我们把企业或管理者列入工人的对立面。那么,对于企业或管理者来说,AI 的发展又有何意义呢?

能够直接想到的改变就是提高生产效率。企业通过自动化能够在保证质量稳定的前提下生产产品,同时降低相应的成本,这等于说,我们可以以更便宜的价格生产出同等质量的产品,或许甚至会以更便宜的成本生产出质量更好的产品。你只要回顾一下过去,就会充分理解这个事实。在 18 世纪的工业革命中,人类积累了迅速提升生产效率的经验。到了以互联网和新能源为代表的第三次工业革命时期也是如此，与第二次工业革命时（20世纪前后）相比，人类的发展节节攀升，变化显著。现在已经进入我们视野的第四次工业革命究竟会有什么影响呢？这其中，元宇宙和AI将会改变企业的模式。

尤其是与制造业相关的公司，很可能从成本这方面受益。之前预测的可能会消失的职业，很多都属于与制造业相关的行业。那么这句话是否意味着在即将到来的元宇宙世界中，就不再需要制造业了呢？绝对不是。我认为更可信的说法是，许多从事传统制造业的人力将被机器人取代。

在元宇宙世界中，制造业企业可以减少在生产产品时产生的不确定性。简单地说，这就像减少因人为失误造成的事故一样。尽管机器人并非完美无缺，但它能以恒定的速度保持规律性的逻辑来运行，这样一来，事故或失误发生的频率肯定会减少。这对制造业公司来说是一个巨大的进步。据报道，像三星电子这样的制造业大企业的工厂，一旦发生人为失误，工厂停止运行一个小时的话，就会造成数亿韩元的损失。即使仅仅减少停机的频率，每年节省下来的钱就相当可观了。

当然，不仅制造业的企业会获益匪浅，其他行业的企业还将迎来真正的新局面。比如与文化产业相关的互联网公司。元宇宙并不是一个仅展现出可创造虚拟世界技术的世界，不同的文化、新的社会以及让人快乐的内容都应该融入其中。有时我反而觉得现在文化产业的发展比技术进步慢。举个例子，当下的一款VR游戏，呈现在你眼前的只会是一个人打僵尸、坐过山车等单纯的内容。为什么呢？原因就是仅仅考虑到了VR的技术特性。VR最大的特征就是真实感，会让你体验到与真实世界相似的感觉。所以现在研发公司只是考虑"让人们感受到坐过山车的感觉"，也就算是与元宇宙的内容接轨了。但是元宇宙的世界更加复杂，实现用户之间的沟通是非常重要的。仅从用户数据来看，比起页面设计华丽的 VR 游戏，你会发现更注重玩家交流的"VR CHAT"这样的内容，更能赢得大众喜爱。

今后，随着元宇宙世界观更广范围的普及，人们会把目光投向新鲜、多姿多彩的内容。这对于与内容相关的公司来说，当然是一个崭新的机会。不过，正如上文所说，如果还是只考虑技术上的问题，就可能会让人大失所望。在元宇宙世界中，只有能够给用户带来与众不同的体验，并在其中建立一个社会的内容公司方能建立新的内容方程式。

从企业家的立场来看，他们会张开双臂欢迎元宇宙内部的变化。随着 AI 的发展，企业经营将不再受到空间的制约。在元宇宙内部的虚拟空间办公，无须租用办公室并支付高昂的租金。此外，在元宇宙世界中，也不再需要额外支付各种活动、会议等消耗性支出。在元宇宙的世界观里，将迎来只须按一个按钮就能到达会议室，就会去到客户公司的时代。也就是说，正常运营企业的成本将可能会大幅降低，这样的要素无疑会让企业提高效率。

那么，如果用消费者的眼光来看待数字地球，会是什么样子呢？现实世界的生活本身会有很大的变化。企业制造产品的成本降低，就有可能以较低的价格将产品提供给消费者。按照经济发展的逻辑来看，在竞争激烈的市场中，在技术水平持平的局面下，企业的优势当然在于价格上的竞争了。因此，企业不得不将通过自动化节省的部分成本回馈给消费者，这显而易见会导致产品和服务的价格下调，从而消费者会以低廉的价格享受优质的服务。

光明总是与黑暗同在。AI 的发展不是只会给消费者带来积极的一面。未来，AI在营销、物流等需要消费者信息的领域，也会取得快速发展。这样一来，AI必然会通过生命日志元宇宙来收集个人信息。目前人们对通过社交网络服务（Social Networking Services，SNS）实现自动追踪等AI的功能方面颇有争议。因为关于什么程度是收集消费者的信息，到什么程度是侵犯了个人隐私，这方面的区分并不明确。

这种现象会伴随着AI的发展越来越严重。同样，与个人主观选择相比，受AI的诱导，个人选择会受到影响的领域越来越宽泛，人类主导自己生活的力量毋庸置疑地会被弱化。我认为，这些问题需要国家机构、民间和企业之间通过不断对话，以便设定其合理区间。

然而，AI的发展很可能会让消费者在元宇宙里生活的时间相应延长。单纯从数量的层面上看，随着元宇宙的发展，新鲜内容将如雨后春笋般诞生，这些内容会将消费者带入一个完全崭新的世界中。也许那些忘却了现实，只生活在元宇宙世界观的人会比现在更多。另外，在当今有相当多的人处于社交困难的社会中，AI会消弭人们对沟通的渴求。AI在元宇宙中可能会承担起朋友的作用，也可能会成为恋人，与你相互包容。

与AI的沟通在教育方面呈现出极大优势。在现实生活中，学习总要付出很多代价。因为存在着像需要支付教育费用，时间上要与教育工作者一致等制约因素。但是借助元宇宙，现有的教育模式将会发生180°转变。我可以利用自己自由的时间充分提问、思考和学习一些东西，去看我喜欢的样貌，去听我喜欢的声音。比如学习中文，倘若找到一个拥有跟我喜欢的艺人一样的容貌和声音的人来教我中文会怎么样呢？可能还不太清楚具体效果，但极有可能发生的是学习期间

02 元宇宙：新的文明

一定会比以前更愉悦，教育的效率也会最大化。

当然，也有人担心，随着人类与 AI 的沟通增加，人与人之间的交流会变少，关系会渐渐疏远。这也确实会成为一个问题。事实上，沟通的缺失已经成为现代社会的弊病。在智能手机出现后，人们便开始喜欢通过手机而不是现实对话进行沟通。在元宇宙时代，这种现象肯定"有过之而无不及"。尽管这是让人感到无可奈何的时代潮流，但沟通对于人类非常重要，需要通过全社会的行动去思考、解决。

以上，我们从劳动者、管理者和消费者三个维度审视了在元宇宙世界里与数字人类、AI 的共存。如果要更详细地区分出变化，可以划分出元宇宙内部的变化和对现实世界的影响。对于这些变化会有引发争议的部分，也会有让人产生共鸣的部分。

重要的是，我们不应站在一方的立场上去指责另一方。现代社会正在逐渐打破角色之间的界限。今天的我是管理者，但不能保证明天的我还是管理者，反之也是一样的道理。实际上，管理者也可以成为劳动者和消费者。

生活的地方也是一样。因为要生活在元宇宙，就会被歧视为网络幽灵，从某种意义上说，这是一种过时的说法。同样的道理，也不能将现实的价值说是老古董，坚持认为元宇宙就是绝对的真理。针对任何事情的过于偏激的想法，都难免会激化矛盾。所以要遵循的最重要的原则就是和谐。元宇宙的发展不应沦为倾向于任何一方、煽动社会两极分化的工具。借助元宇宙发展的 AI 需要与各方相互深入协商，做出一点点让步，达成和谐共识，以向不属于任何集团的劳动者、管理者、消费者，甚至是生活在这个世界的所有人提供更好的经济、社会环境。

不受年龄限制的元宇宙

你听说过"Retail Apocalypse"这个词语吗？虽然不知道词语的准确意思，但是其中含有"世界末日"意思的 Apocalypse 这个单词，能想象出整个词语本身没有好的寓意。"Apocalypse"一词原本在《圣经》中的意思是"掀起盖子"，寓意是"揭示隐藏的未来的秘密"。在韩国，众所周知是有"默示"这个词，跟"约翰默示录"中的"末日"的含义一致，被大众用来表示"世界终结，大灾难"。一说到大灾难，就会给人一种毛骨悚然的感觉。

再来解读一下"Retail Apocalypse"这个词语，被用来表示最近市场消费模式的变化，由表示"零售"意思的 Retail 和表示"末日"意思的 Apocalypse 组合而成，意思是"零售末日"，比喻实体零售市场已经走投无路了。这种现象指的是既有传统市场或者小型超市等线下市场陷入了困境。事实上，线下消费减少，线上消费增长也是经济学家早就预言过的经济潮流。与线下消费相比，线上消费过程更加简化，成本优势更加明显。此外，线上消费便利性更加突出，单不出门就能购物这一点，线下消费是根本不可能实现的。

到目前为止，线下消费的不景气还没有沦落到"末日"的程度。因为实体店有很多优势。比如，在购买商品的同时，人与人之间的交流感应是其独特的优势。那为什么突然要用"末日"这个让人惊悚的词语来形容消费市场的变化呢？答案只有一个，就是因新型冠状病毒肺炎让"非接触经济"一下子活跃起来了。

2020年暴发的新冠肺炎疫情，彻底改变了人们的生活。最大的变化是为了防止病毒扩散，人与人之间尽可能不接触。即使没有国家层面的劝导和法律的约束，人们也尽量避免与他人接触，以保护自己和家人的健康。这样一来，传统线下市场的顾客为避免接触，也开始在网上购物。

在这一时期转移到了线上购物的客户群体才是值得被关注的。事实上，20—30岁的人群在新冠肺炎疫情暴发前就喜欢在网上购物。但是40—50岁的人群在新冠肺炎疫情之前主要使用线下市场。这倒不是因为这部分人群操作智能手机的能力弱，而是对网上购物抱有不同的看法。中年人往往认为在线下购买商品更值得信赖。尤其是像新鲜食品，他们认为在线下购买会比线上购买的质量有保证。疫情暴发后，他们的想法开始改变。随着在线下市场购物逐步受到限制，他们发现在网店购买的商品质量比想象中的要好。从那时起，线下市场的状况发生了180°转弯。由于40—50岁的中年人不再去线下实体店购物，线下市场遭遇了超乎预期的巨大危机。据市场调研公司"消费者网站"统计，截至2020年11月，韩国国内消费者线上支出比例为62.2%，相比之下线下支出仅为37.8%。

更糟糕的是，40—50岁的人是各个年龄段中消费最多的人群。平均收入比青年群体要高，因此消费支出旺盛。由于主消费群体的流失，实体店正在慢慢关门。乐天购物、易买得（E-MART）、Homeplus等传统线下大型商超，也未能顶住新冠肺炎疫情巨浪的冲击。三家商超中，除了正在转型为仓储型门店的易买得外，其他两家利润开始下降，店铺相继关闭。

随着中年人互联网消费的增加,他们也正在踏入元宇宙世界。最近风靡网络的流行语中有一个词叫"天堂大叔",是游戏"Lineage"和"大叔"两个词语的组合,专指在元宇宙游戏虚拟世界中投入巨资的40—50岁的人。这个词背后的意思是"在游戏中花费巨额资金经济富足的中年人"。现在中年人似乎也越来越习惯在元宇宙世界中消费,且不只局限于游戏。最近网络上还出现了一个新词"银发网民"(Silver Surfer),"Silver"用来指50岁以上的中老年人,"Surfer"指在信息网络海洋中自由冲浪的人。这个词语的出现说明50岁以上的人对网络世界也是相当熟悉了。事实上,如今的中年人的确不可同日而语,他们是在青年时期见证网络发展的一代人,因此相比过去50多岁的人,他们对元宇宙的反感要少很多。

或许正因为如此,最近面向中年人群的在线内容产品活跃了起

> **银发网民**
>
> 从2010年代中期开始,主要发达国家的"婴儿潮"一代开始进入老龄化。"银发网民"是用来称呼有经济能力、闲暇时间充足的50—60岁的人群中,能够熟练使用智能手机的人的新造词。
>
> 随着IT产业的迅猛发展,新消费群体迅速崛起,影响力越来越大。
>
> 根据零售分析服务商WiseApp的调查,从在大众化视频平台YouTube上各年龄段使用时间分布情况来看,50岁以上的人群中有25.4%的人将时间花在了YouTube上,是所有年龄段中人数最多的。

来。类似最近流行的韩国演歌①热潮也也可以印证这一点。拥有经济能力的中老年人越多,针对他们的休闲产业就会越来越活跃。有消费的地方就有商业,这是亘古不变的道理。被称为未来内容事业中心的元宇宙,为中老年人提供的内容也在不断聚积。而且,与既有的内容相比,元宇宙对中老年群体是更适合的,关键原因在于切中了中老年人的活动力。无论医学如何进步,我们依然无法100%地阻止人类衰老。衰老自然会导致活动力下降。但是,在大多数情况下,想消费元宇宙的内容并不需要很大的活动力,虚拟世界能让你重新找回年轻时的样子。重新描绘年轻时的自己,这难道不是每个人都梦寐以求的吗?

如此看来,元宇宙并不仅是针对年轻人的游戏产业。正如曾经的智能手机和互联网一样,将自然地实现世代更替。这句话等于告诉诸位,元宇宙所实现的世界观本身比现在人们想象的要庞大。我们必须正确地意识到这一点,去迎接新的数字地球。

---

① 韩国演歌:朝鲜半岛早期的一种流行音乐形式。(译者注)

虚拟世界中的制造业革新

"元宇宙时代到来了。"

在 2020 年英伟达（NVIDIA）公司的研发者活动——GTC（GPU 技术大会）上，创始人兼 CEO 黄仁勋（见图 2-1）说出了上面这番话。CEO 黄仁勋为什么在这场活动中突然提到了元宇宙？在弄清楚缘由之前，我们有必要了解一下英伟达是一家什么样的企业。

只要对计算机感兴趣的人都可能听说过英伟达这个名字，这是一家研发供计算机使用的 GPU（Graphics Processing Unit，图形处理单元）的公司。GPU 就是我们俗称为显卡的部件。事实上，一直到 20 世纪 90 年代初期，GPU 这个词也没有露面。在那个年代，显卡只是被当作可将中央处理器（CPU）的运算转换成图片或文字信号的转换器之类的零部件。但随着 3D 引擎在游戏中的使用以及在各个领域的普及，人们开始认识到 3D 图形运算设备的必要性。这就是 GPU 问世的背景。

英伟达是第一个提出 GPU 概念的公司。自 1999 年以来，英伟达将名为"GeForce"的系列图形运算装置推向市场。到目前为止，这款 GeForce 系列的产品依然在 GPU 市场处于领先地位。现在，我们已经了解了英伟达是一家经营什么产品的公司。不过，现在仍有人不了解元宇宙和英伟达公司的关系。

02 元宇宙：新的文明

图 2-1 英伟达 CEO 黄仁勋正在演讲

概括地讲，元宇宙是在数字世界里创建一个新的地球。以我们建造房子为例，我们首先要做的是什么？就是选择土地。在创建数字地球时，首先需要选定服务器。接下来，我们需要找到建造房屋的材料和工具。创建元宇宙的工具就是 GPU。在元宇宙世界中，要想能感受到与现实世界相似的感觉，视觉信息是非常重要的。我们通常需要将称为图形的虚拟信息转换为视觉信息，此时使用的运算设备正是 GPU。当然，元宇宙的发展会带动英伟达公司销售出更多产品，所以英伟达公司也希望元宇宙实现快速发展。事实上，正如 GPU 的概念是基于使用 3D 引擎的游戏发展起来的那样，英伟达和元宇宙是无法分割的共生关系。因为游戏也是虚拟世界元宇宙的一部分。

有些人心存疑问，英伟达公司主要研发用于计算机上的 GPU，那这家公司又如何主导了半导体市场呢？GPU 不仅是一款游戏设备，它是整个 3D 建模的核心设备，也是构建虚拟服务器的图形运算处理器。通常被称为服务器 GPU 的设备价格是非常昂贵的，一个芯片的价格超过 5 000 万韩元是司空见惯的情况。

GPU 并非英伟达公司唯一的产品。英伟达公司凭借自己在 GPU 上的研发实力，始终在 AI 芯片领域处于领先地位，还成为半导体市场的领导者。过去，在半导体市场称雄的一直是英特尔（Intel），到了 2020 年美国半导体市场发生了逆转。英伟达超越因特尔成为美国市值第一的半导体公司。除此之外，在 GTC 2020 大会上，黄仁勋还展示了云 AI 视频流媒体平台、医疗保健 AI 研发超级计算机、新型数据处理设备等领先于其他企业的技术。

当然，仅用 GPU 来描述元宇宙和英伟达的关系总给人一种以偏概全的感觉。因为现在的英伟达不单单是生产 GPU 的厂商，它还开拓了新领域，研发出一款名为"Omniverse"的平台。2020 年底，历经长期研发后，英伟达推出了 Omniverse 平台的开放测试版。Omniverse 是开放式云原生平台。平台中适用与现实一致的物理法则，并提供基于虚拟协作和超现实主义的仿真模型。

英伟达方面表示，无论何时何地，即使身处地球另一端，都可以利用 Omniverse 平台进行协作。应用虚拟世界的 Omniverse 并非采用的是像传统游戏一样，利用不同于现实的法则带来乐趣的方式，而是采用了将存在于现实中的法则导入虚拟世界的方式。这可以说是跟镜像世界元宇宙利用现实信息的方法高度契合。

在 Omniverse 平台上，建筑、制造、产品设计和媒体等各行业都能和专家进行合作，因为平台摆脱了空间的限制。利用这个平台，人们可以进行提前建造巨型工厂或建造超数百吨的船舶等各种行业的尝试。平台用户通过这一系列的操作过程，能够减少设计过程中可能出现的许多错误和漏洞。到目前为止，虽然已经有了能进行设计的程序，包括 CAD（计算机辅助设计）、PROE（三维设计）等机械设计方案，但是目前还没有任何一款设计平台可以像 Omniverse 平台一样完成从制作过程到呈现实物的整个流程，以及提供实物尺寸视觉信息。最值得关注的是 Omniverse 平台的作业方式。在此之前，在处理设计图像时，必须按顺序进行，我们称之为是按照"序列"（Sequence）的方式。具体来说就是要处理一个程序，应该从前面的要素开始顺次进行。假设我们要制作一个小型模型船，按照现有的序列方式，我们将首先制作位于底端的船底，然后是船的上部船体抬高，最后挂帆和涂漆。序列方式的缺点是，在制作过程中各部门的合作是有难度的。即需要有人先制作船底，才能开始后面的作业。涂漆也是一样，在制作船体的同时是不能涂漆的。

但 Omniverse 平台就不同了，不再采用序列的方式，而是串行并列的方式。串行并列的方式是无须按照顺序制作组装零部件的。再回到制作模型船的例子上，按照串行并行的方式来完成制作的话，有人搭建船底、建造船体的同时，其他的人可以同时给甲板涂漆，分工协作。除此之外，有了 Omniverse 平台，与其他领域的专家进行协作也就更方便了。

协作顺畅了，好处就多了。首先，设计所需的时间将大大减少。与传统方法相比，交付成果所需要的时间大大缩短。在商业中，时间就是金钱，降低劳动力成本和减少制作时间，是企业一直关心的问题。当然好处并不止这些。Omniverse 平台对沟通会有很大的帮助。以往，不同的专家使用不同的工具。比如，机械设计专家熟练使用CAD、PROE等适合机械设计的业务工具；设计相关专家则熟练运用Photoshop、插画师等设计业务工具。过去，在设计一个产品时，各领域的专家之间有很多问题需要沟通。以前，我们经常能听到在不同的设计行业里，决定产品驱动方式的工科派和负责设计要素的设计人派之间产生矛盾的趣闻逸事。事实上，因使用不同的工具产生矛盾是在所难免的。但是Omniverse平台将这些工具全都收纳进同一个平台里。即使有人使用CAD，有人使用Photoshop，也会同时作用于平台上的交付物。这也是直观性强的视觉信息。圆满的合作产生的价值已无须赘言。仅从目前各个企业为了员工的和睦，架设乒乓球台，设计举行小组活动等多样的活动这一点上，就完全能明白平台价值所在了。综上所述，Omniverse平台是一个给虚拟世界增加了带来多种工具和并行处理方式等业务上变革性变化要素的、基于现实的平台。而且可以看得出来，Omniverse平台并不是仅仅利用了虚拟世界，而是采用了将现实的工具投射到元宇宙世界观的镜像世界的方式。

到目前为止，我们已经了解了英伟达。需要说明的是，英伟达算得上是从元宇宙发展中受益最大的企业。后面我们还要提及投资和企业分析的内容，但仅从我们已经了解的英伟达公司计划中就可以看出，最终的目标是一致的，那就是元宇宙。事实上，将元宇宙商业化的行为并不仅发生在国外。韩国国内正在制造业领域进行相关尝试。

过去几十年来，制造业领域一直是支撑韩国经济的根基。但是，中国在制造业领域的迅猛发展，让以性价比为优势的韩国制造业遭遇了危机，韩国采取了措施来应对这一挑战。在梳理相关内容之前，我们需要对"扩展现实"（XR）做一下解释。

扩展现实（XR）是综合了虚拟现实（VR）和增强现实（AR）的混合现实（MR）的技术总称。XR是指单独或混合利用VR和AR技术来创造扩展现实。前面提到的Omniverse平台也可以看作XR的一种。

韩国政府公布了将利用XR在化学、汽车、造船等韩国三个制造业领域建设虚拟工厂的计划。根据计划，政府将在化学和汽车工厂里，利用元宇宙构筑并运营跟现实一模一样的工厂。这显示政府下决心要降低设计成本，缩短提高技术能力所需的时间。建筑公司也有同样的考虑。在虚拟世界中提前完成建筑物的设计工作，然后再进行模拟。我认为这些举措彰显了政府和企业想要抢先

> **扩展现实**
>
> 扩展现实（XR）是指集VR、AR、MR技术于一体的技术，每项技术可单独或混合使用在各个领域，今后将用于制造、教育、医疗等多领域。最近由于无接触的氛围在整个社会形成共识，文化、艺术也有引进扩展现实的趋势。
>
> 从文化和艺术中运用扩展现实的例子来看，首先是体育领域。2020年美国纳斯卡赛车比赛时就利用了XR技术。选手们在个人空间佩戴VR设备参加比赛，观众通过搭载XR技术的360°摄像头身临其境地观看了比赛。
>
> 艺术领域也展现了同样的效果。因新冠肺炎疫情而无人光顾的仁川机场举办了XR内容展览会。主办方向观众展示了通过互动完成的互动作品和360° VR作品，而不再是像以前那样看完展览就结束了。

构建元宇宙技术部门的决心。

这里有一个值得关注的技术，即在虚拟空间中创建与实际相同的空间或产品的技术，就是"数字孪生"（Digital Twin）技术。Twin 是双胞胎的意思。Digital Twin 可以翻译成"虚拟空间的双胞胎"。所谓数字孪生技术是用 IoT（Internet of Things，物联网）技术收集现实物理空间的信息，并实时传输到云服务器上，然后基于这些信息在虚拟空间中展现与现实相同的物理空间。

利用数字孪生技术，可以在虚拟空间中设计新产品，事先预览制造工程，然后进入制造工序。对以往耗时的工序，可以在短期内进行审核，并预测未来可能发生的设备故障等。这有助于提高制造商的生产效率并减少错误。通过数字孪生技术获得的信息量，也比在现实中启动试验工厂时更为庞大。目前，全球有超过 200 亿个 IoT，一旦从 IoT 等各个互联网基地传输回信息，数字孪生技术收集优质数据也会更容易。

此时会有人问："究竟什么是 IoT？"IoT 即物联网，是指将传感器连接到事物上，实时传输数据到互联网的技术或环境。以往，要在连接到 internet 的设备之间交流信息需要人工介入。例如，当我们将照片从智能手机传输到计算机时，人们需要筛选、传输要发送的信息。但对于物联网技术的社会来说，就完全没有必要了。预先将要发送的信息分类后，设备之间会自动通过云服务器或蓝牙等传感器进行信息交互。数字孪生技术正是基于这种物联网技术，将现实和虚拟世界联系起来。

数字孪生技术是创建虚拟工厂的关键技术，主要分为三个阶段。

第一阶段工序是指将数字孪生技术用于产品和零部件的"设计"

02 元宇宙：新的文明

上。实际上，第一阶段工序已经在很多国家和企业使用。前面提到韩国国内正在进行的汽车设计、建筑设计等都属于第一阶段。第二阶段工序，目前只有部分先进的制造企业在使用。第二阶段工序是指将实际工厂的建筑或设备全部数字化并投影到虚拟空间中。不只是将一个产品投影到虚拟空间中，而是将整个工艺进行投影，以实现生产效率最大化。举一个例子，中国一家名为"上海仪电"（INESA）的企业，是一家制造相机滤光器的公司。这家公司从厂房开始，将每一道工序都再现在虚拟空间中。过去，我们仅采用图表来分析数据。现在，当出现异常时，我们可以判断出错误发生在哪一个节点，然后进行处理。甚至据说可以远程监控每台机器电力正常消耗及损耗等数据。第三阶段工序是指跳过复制现实世界物体，将控制、分析、模拟以及制造服务的环境等与物理世界一起拷贝的技术。目前，几家主要在技术上处于领先地位的半导体公司正在应用第三阶段数字孪生技术。

世界各国已经在尝试利用元宇宙实现制造业的创新。因为元宇宙世界里不单纯是转换为视觉信息，还有可以提供与现实相同的物理法则的 Omniverse 平台。利用元宇宙世界观的虚拟空间不仅适用于制造业。在中国台湾地区，将现实世界中的大坝投影到虚拟空间，收集排水量、形态等具体信息来应对灾害。以上提到的采用 XR、数字孪生技术的平台不只是追求企业的利益，而且在灾害预防、人员救助等现有技术无法有效解决的领域，借助元宇宙技术都可以解决。我们不能只是感叹"啊，越来越方便了"，而应该预测世界的变化并跟上未来的变化。正如前面所提到的，2020 年是"职业的概念变化的时代"，现在我们不是走在已经有人走过的预定赛道上，而是可能要在崎岖不平的土路上奔跑。那么，即使没有越野车，我们是不是也至少应该准备好能在崎岖土路上行驶的山地车呢？在变化的世界中，一切都充满了不确定性，但也没有必要杞人忧天。希望从现在起了解我们的生活和工作将如何发生改变，甚至应该去了解元宇宙的产业构造和投资相关的知识，循序渐进地去学习吧。

分散的人口

你听说过硅谷（Silicon Valley）吗？硅谷是位于美国圣弗朗西斯科南端的IT产业中心。过去是生产葡萄酒的地方，后来形成电子产业基础的半导体企业相继落户，逐渐发展成风险投资企业的圣地。一提到硅谷，你会联想到什么？我眼前最先浮现的是自由奔放的服装和免费的啤酒。还有一个，就是乒乓球台。在美国流传着"如果你想了解硅谷的前景，只要看一看乒乓球台的销量就可以了"的说法。甚至有人表示"如果没有乒乓球台，那就不是高科技企业"。

为什么硅谷的人们会喜爱乒乓球？据美国CNBC电视台报道，工作和休息时间的黄金比例是"52∶17"。也就是说，比起废寝忘食地工作几个小时，工作52分钟，休息17分钟的效果要好得多。从事这项研究的研究人员表示，人类大脑释放大约一小时的高能量后，会释放15到20分钟的低能量。工作与休息的关系既是老生常谈的话题，也有着彼此密不可分的关系。这恰恰是硅谷企业热爱乒乓球的原因所在。企业很早就意识到休息的重要性，这也是一种对员工福利的投资。

更进一步说，硅谷企业喜欢乒乓球台还有如下几个原因：首先，企业旨在向外界表明自己是重视员工福利的自由的企业。因业务需要访问硅谷的企业人士表示，当他们看到摆放在公司中央位置的乒乓球台，就可以判断这是一家自由度很高的企业。其次，乒乓球是一项不能单独进行的运动。打乒乓球是在鼓励员工休息的同时，还能促进彼此的对话，增进和谐的运动方式。另外，相对于其他运动的器械来说，乒乓球台的投资不多，而且即使空间狭窄也能放得下。在工作时间，管理层和团队成员不拘一格地打乒乓球，这代表着风险企业追求的自律性和横向的组织文化。

由此说来，我们就会明白为什么通过观察硅谷企业与乒乓球台销售的相关性，就能了解企业的销售额了。比如，全球性社交媒体公司推特公布，截至2014年，他们每年都会采购数十个乒乓球台，一个乒乓球台价值超过200万韩元。但到了2015年销售额下滑了，乒乓球台的订单也减少了。这样的事例乍听起来像八卦新闻。不过，有一点是肯定的，硅谷附近的乒乓球台销售企业总是期待着硅谷的企业蓬勃发展。

令乒乓球台销售企业感到遗憾的是，2020年乒乓球台的销量骤降。然而，2020年硅谷企业的企业价值却连日突破最高点。那么为什么乒乓球台的销量会突然减少呢？原因就在于开始提倡"灵活居家办公"。因为可以居家办公，员工们不再去公司，公司里打乒乓球的人也就不见了，乒乓球台的销售自然就减少了。

实际上，在新冠肺炎疫情暴发之前，不少人曾质疑居家工作的有效性。在这些人士看来，首要的一点便是"难以展开协作"。通过相互对话才可能产生的创意和士气的提振在居家办公环境中不可能产生的。或许出于这些考虑，在疫情暴发之前，面对面的会议被认为是最有效的工作方式，甚至那些标榜自律企业文化的IT公司也是如此。

但现在的情况已经发生了变化。关于居家办公所带来的好处的研究结果层出不穷。员工们认为，居家工作的好处是可以大大减少通勤时间。根据《华盛顿邮报》的调查，美国普通员工的平均通勤时间为每天54分钟，相当于每天大约8%的时间在路上度过。居家办公便可以极大地节省时间。在现代社会，时间意味着成本。员工花在家庭和爱好上的时间相应增加了，对工作的满意度也会成比例上升。

有研究表明，在工作效率方面，对于需要合作或社会支持重要性较低的职业，选择居家办公时，工作效率会比之前明显提高。开展这项研究的蒂莫西·戈尔登（Timothy Golden）教授表示，从事需要专注力或解决关键问题的职员需要对眼前的工作深思熟虑。此外，他还表示，在普通的办公室里，潜在的干扰物散布在各处，同时对成果的渴望也更大。

居家办公对企业和社会方面也有很大的好处。因为不通勤，会减少各种污染环境物质的排放。企业将减少纸张和塑料水杯等一次性物品的使用，还会节省用电。虽然看似琐碎，但据说这样能省下来的纸张，相当于每年每人种下四到五棵树，节省的电费每人约为1 700美元。仅从这些事实来看，居家办公对保护环境的确有明显的益处。有人可能会反问："企业是一个追求利益的群体，与保护环境有什么关系呢？"过去，这种观点事实上在发展中国家是较为流行的。

我们最近很容易接触到ESG（Environmental, Social and Corporate Governance，环境、社会和公司治理）一词。ESG是指企业的非财务要素，即环境、社会和公司治理，与企业的财务要素一并是投资决策时要考虑的因素。过去只需要判断企业的财务表现，现在企业的非财务要素也成为投资依据。ESG甚至已不仅是个别企业的价值要素，也成为判断国家资本市场的因素。人们现在不愿意投资于社会认知度不佳的企业。判断这一点的依据和标准在国际社会上已经形成共识，今后企业难以再忽视 ESG 的重要性。

居家工作与 ESG 的关系密切。正如前面所说，居家办公有助于企业减少二氧化碳等污染物排放。此外，在公司治理方面，选择居家办公的公司员工比那些去公司上班的公司员工，对工作满意度更高。居家办公已经满足了 ESG 的两方面条件。

即使不再有新冠肺炎疫情，由于种种原因，计划同时推行在家工作和接触式工作的企业也会越来越多。美国的 IT 公司一再强调居家办公的效果，相当多的公司推崇居家办公。而这对在硅谷销售乒乓球台的企业来说，无异于晴天霹雳。

诸位肯定疑惑为什么莫名其妙地谈论起居家办公的事情。元宇宙的发展让更多的企业选择居家办公，方法也越来越多。即使说元宇宙是居家办公的最终进化形式也是无妨的。但事实上，以企业管理者的眼光看待居家办公，确实有很多不尽如人意的地方。比如，对于需要与外部客户开会或快速沟通的工作，比起在家工作，面对面的工作无疑会更有效率。这里还涉及可信度的问题。推行居家办公的企业管理者经常说，因为无法看到员工工作的状态，所以会着急。但显然这种观点和要求员工加班一样，是一种过时的想法。因为以结果为主的评价文化还没有成为公司的主流。不过，站在企业管理者的角度，这样的话也并非大错特错。

如果元宇宙发展起来，就能一下子解决掉这些问题。未来，随着元宇宙的发展，可以提供让化身在虚拟空间同时进行面对面办公的居家办公环境。这对企业和个人都是一大利好，能在时间、环境、费用等诸多方面受益。

能帮助实现这个愿景的平台也在持续发展。我们一想到视频会议，就会想起 Zoom。这是一个通过实时视频聊天，可以随时随地举行会议的平台。除此之外，还出现了很多平台。Gather.town 也是一个用于进行视频会议的平台，平台上提供即使不在一个空间也可以共享工作进度、协作及指示事项的类似 Flow 或者 Agit 的协作工具。

在元宇宙世界里，不仅工作距离的概念发生了变化，甚至国家之间的边界和地区之间的界限也会变得模糊。在本书开头的故事中，主人公不是也只按下一个按钮就抵达了需 10 个多小时航程的地方，与人们一起举行工作会议的吗？元宇宙的发展会让我们的距离概念不断延伸。现在，我们距离无论身处世界何地，想见面就能马上碰面的世界已经不远了。

有一个疑问。随着元宇宙相关技术的发展，我们能否解决目前人类面临的"城市化现象"问题。单从结论上来看，短期说很难。在元宇宙世界到来后，将带来信息处理领域的变革，届时大量的数据需要快速移动。在发展过程中，集中在城市的基础设施建设，即使要考虑金钱方面的原因，我认为也是必然的。因为建设通信基础设施的成本很高。

当然，在早期出现这种潮流，极有可能会逐渐呈现出不同的局

> **Gather.town**
>
> Gather.town 是一个类似于 Zoom 的在线视频会议平台。值得一提的是，与 Zoom 不同的是，Gather.town 可以推出 2D 形状的可爱头像代替视频影像进行会议。
>
> 此外，Gather.town 还有有助于合作的功能，包括移动位置和聊天功能，以及简单的游戏功能。

面。通过元宇宙，人们可以远程从事各种服务和活动，从而减少单位、学校、医疗等各种服务中的距离限制。因此，城市人口集中增加的趋势会比现在有所放缓。需要注意的是，城市人口集中度的增势减缓，并不意味着城市人口数量比现在有所减少。但至少像现在这样人口急剧向城市集中的现象会得到缓解。

这样看来，在物理层面会出现人口稠密的现象。不过，一旦把地球这块土地的范围扩大至心理方面或虚拟世界，再从这个层面上看，可以认为人口被分散了。无可争议的是，我们生活的世界会因元宇宙而逐渐扩大。诸如制约我们的场所、国境等许多限制将会消失，将会重建关于距离的秩序。相应地，利用空间的方式也会有所不同。类似在地铁等地方，广告牌的利用率会降低。这是因为人们都看智能手机，无暇再看地铁广告。当需求下降时，它们将会逐渐消失，从某种意义上说，这是无法阻挡的潮流。未来，大街上各种广告、招牌可能会逐渐稀少。如果镜像世界发展到了一定高度，那么现实中的广告牌或道路的引导标志或许就变得不那么有效了。反过来说，伴随着元宇宙的发展，现实物理空间肯定也会变得跟现代化之前一样，相当简单和朴素。

因此，元宇宙的发展会伴随着空间、距离等许多现有价值发生变化。相应地，人们之间的心理亲密感和距离感也会慢慢发生变化。我们虽然住在邻近的地区，却可能感觉住在了比现在更远的地方。在不久的将来，字典里"邻居"这个词的定义或许也将发生改变。

倒塌的门槛

近代史上最富有创新性的发明是什么？是可以掌握方向，从而让人们开辟出新航道的"指南针"，或者是引发中世纪骑士阶级没落的"火炮"，还是用来广泛传播知识和思想的"活版印刷术"？当然，这三项发明都是改变世界的重大发明。然而，在资本主义社会里，对另外一项发明也给予了很高的评价。这就是"股份公司"。大家一定想了解股份公司到底是什么，为什么它能与前面所说的三项发明分庭抗礼。

股份公司是指将权利、义务的单位分为股票，不向个人清除公司债务形式的企业。股份公司是以营利为目的的社团法人，又称"市场经济之花"。韩国统计厅证实，韩国国内股份公司的数量超过了30万个。如果把范围扩大到法人经营者，数量已超过了100万家。再加上个体工商户的话，其数量呈指数级增长。

股份公司之所以被称为"市场经济之花"，缘于其不追究股东全部责任的性质。以前，一桩生意的没落会导致整个家庭的没落。但是市场经济国家采用股份这个方法之后，事业的没落不会再无条件导致家庭的没落。因此，人们为了自己的梦想和雄心，开始注册并设立企业。

随之而来的是，研究企业的学者越来越多，对成功引领事业的方法性研究如火如荼地开展起来了。各种分析企业的模型，重复着如雨后春笋般涌现、然后被淘汰的规律。这其中一个模型就是哈佛商学院教授、被称为"现代战略领域之父"的迈克尔·波特（Michael

E. Porter）提出的"竞争势力模式"，又称"五力模型"（Five Force Model），是分析企业与竞争对手、消费者等五种势力的模型。通过这个分析模型，我们可以了解想了解的行业和企业处于什么境地。

在"竞争势力"模型中出现了五个要素。第一个要素是"传统企业间的竞争"，讲述的是传统企业间争夺同一市场而展开的竞争，比如为你身边的智能手机服务的移动通信公司就是一个例子。

第二个要素是"潜在竞争企业"，指目前尚未进入该市场但很有可能进入市场的公司。例如，生产通信设备的公司将业务领域扩展到通信渠道。100年来一直占据美国通信市场的"AT&T"便是一个例证。发明电话的格雷厄姆·贝尔创建的"Bell Telephone Company"（贝尔电话公司）是其前身，最初以生产电话为主，现在已发展成为美国最大的电信服务公司。

第三个要素是"替代品"，即可提供相似功能和性能的其他产品或服务。如上文提到的元宇宙和Netflix的关系。虽然没有提供同样的服务，但从双方共享休闲时间这一点上，可以说元宇宙就是Netflix的替代品。

第四个要素是"买家"，即正是我们熟知的"消费的主体"。这里所说的"买家"包括中间分销的批发零售商。但是，如果制造商已经控制了所有的分销网络，那么只有最终消费者才能看作买家。

第五个要素是"供应商"，是指提供产品和服务所需要素的外部企业或个人。包括工程服务所需的原材料、零部件等，以及外包等服务。

那么，为了进入元宇宙市场，分析"竞争势力"模型的话，会描绘出什么样的态势呢？我们首先应该看一下进入该行业的企业。目前，对元宇宙世界跃跃欲试的企业有亚马逊、Facebook、苹果、英伟达等全球巨鳄级大公司，有望进军的这些企业都十分高大上。共享经济的巨头爱彼迎推出了 VR 之旅，表现出对市场的超强信心。韩国国内的许多 IT 企业也在摸索进入市场的途径。目前还没有替代品可代替元宇宙。那么，我们只能甘心做事不关己或单纯消费的"买家"，或者提供服务或原材料的"供应商"吗？

当然不是。元宇宙的出现意味着，既有评判传统行业的模型已经失去原有的重大意义。虽然有人说，新进入的企业想搭建基础设施和平台是很困难的，有可能会形成垄断式的世界，但实际上元宇宙世界中有比技术更重要的价值，这种状况是绝不可能发生的。元宇宙是构成一个社会的世界观，包含故事的内容和叙事是非常重要的。正如前面提到的一样，如果仅集中在技术层面，即使投入再多的研发费用，也会在不久以后被挥霍殆尽。

一家企业要积累全部的内容并非易事。比如 Netflix 和 YouTube，都在平台上都提供自己制作的优质视频。不过，两家平台虽然都积累了大量的视频，可产生收入的内容都来自平台外部。Netflix 不分国家、语言，购买了所有有趣的视频；而 YouTube 则允许消费者充当内容提供者。

我们经常提到的自由度很高的"沙盒游戏"的代表《我们世界》也是如此。如果公司只推出自己研发的游戏，也就不会像现在这样获得风靡全球的人气了。正是用户自己创建的多种形式的游戏才建设了一个永不枯竭的内容王国。

与传统业务不同，门槛倒塌还有一个原因，即开放的基础设施和平台。与前面提到的内容问题一样，元宇宙创造一个世界，对于一个世界观中"存在多少人"是一个绝对不可忽视的问题。因此,靠技术实力构建平台和基础设施的企业,为提高自己的流量和用户,将会寻找不同的租户。这会使得新运营商能够低成本、更便捷地开展运营,而非从头开始开发技术。尤其是,运营商们不需要获取分销渠道。如果拥有高质量的内容,或者已经拥有粉丝群的新公司,那么事业肯定会一帆风顺。

我们从不同的角度探讨了因元宇宙而改变的世界。要拥有与数字人类共存的生活,职业的定义就会改变,围绕我们生活的很多事情都会改变。那么,为了能在元宇宙世界里生活,我们要培养哪些能力,又该如何生活呢?下面,我们来看一下元宇宙的产业结构,花点时间了解一下需要做什么准备。

03

元宇宙：没有人类的世界是不存在的

元宇宙产业的五大核心结构

现在，我们已经了解了什么是元宇宙，以及即将因元宇宙而改变的世界。现在，或许您已经对元宇宙多多少少有了一些认知。但仅凭这些还远远不够，世界将因元宇宙而发生巨变，我们也必须做好相应的准备，等变化结束时，想追赶是很难的。

所以，从现在开始，我需要些时间，找到应对元宇宙的方法。首先，我们需要了解一下构成元宇宙产业的几个要素。元宇宙产业有五个重要要素，分别是"用户基础""体验切入点""平台""基础设施"和"内容"。

首先，要了解的元宇宙产业结构是"用户基础"。用户基础，英文翻译为"User Based"。简单地说，元宇宙是一个新的世界，它注重用户而不是提供者。这种趋势因前面提到的元宇宙属性中的同步性和经济流动性而变得更加强烈，因为有了这些特性，将会形成比互联网、智能手机时代互相影响更加强烈的社会。针对人们喜欢元宇宙以及我们要做好准备的原因，我们来更加具体地了解这个有趣的话题。

其次，"体验切入点"是指接触元宇宙的方式。我们所熟知的VR/AR设备相关技术就是如此。虽然元宇宙是一个超越现实的数字世界，但很难把它看作一个完全脱离现实世界的概念。这里使用的概念就是体验切入点，包括将现实和元宇宙联系起来，为人们提供逼真元宇宙体验的硬件等技术。

再次，"平台"其实是贯穿现代社会经济领域的一个核心轴。在很多领域，拥有平台的企业和没有平台的企业之间差距极大。元宇宙产业也一样，搭建平台的企业和那些没有搭建平台的企业，未来的价值差距会越来越大。目前，还很难说某个特定企业已经建立了覆盖整个元宇宙的平台。但这样的企业一旦出现，或许就诞生了一家在科幻电影里见过的、掌控这个世界的企业。

元宇宙平台备受瞩目的另一个原因是，传统产业群和元宇宙相遇后会诞生新的平台。设计、建筑、汽车等传统制造商正在探索元宇宙，构建和发布各种平台。我们有必要关注和应对这样的企业。

接下来要了解的元宇宙产业结构是"基础设施"。不管前面提到的硬件、平台呈现出多么辉煌的增长，如果没有搭建元宇宙的基础设施，也只能是沙上城堡。例如，虽然VR技术发展迅速，虚拟世界已进入我们的日常生活，但如果处理数据的技术或通信网络不尽如人意，那么在虚拟世界中的生活就会面临很多困难。此外，在元宇宙的基础设施中，硬件的基础，即引领半导体和数字世界加速发展的云计算等朝阳产业的重要性也进一步提升。

最后要谈的产业结构是"内容"。"内容"已经深入我们的生活中。我们已经生活在被称为"内容洪流"的社会中，再来强调内容的重要性似乎有些尴尬。内容在元宇宙中具有更特殊的意义。我们简单提过，元宇宙不能仅仅靠技术来接触。在最后讨论的内容部分，我们将尝试通过例子和依据来深入地了解这些。

有多少人生活在元宇宙世界

> ### X、Y、Z世代
>
> **X世代**
>
> X世代主要是指20世纪70年代出生的人们。该词首次出现在加拿大作家道格拉斯·柯普兰（Douglas Coupland）出版的《X世代》一书中。理由是与上一代人相比，找不到一个更合适的词来定义这一代人，于是选择了意思模糊的X。
>
> **Y世代**
>
> 1980年至2000年出生的人们，被称为Y世代。这一代人遇事态度积极，对任何事都积极地回答"Yes"，因此被称为Y世代。还有一种说法，认为他们是引领新世纪的主角，也叫千禧世代。与上一代人相比，明显不同

大约10年前，从 *Super Star K* 开始，音乐选秀节目在广播电视圈兴起。之后，类似形式的节目如雨后春笋般层出不穷，而后又纷纷消失。从2009年开始，*Super Star K* 经历了8个赛季，成为音乐选秀节目的奠基人。但可惜的是，2016年赛季成为了最后的回忆，之后还是消失了。截至目前，持续时间最长的选秀节目是哪个？是嘻哈竞演节目 *Show Me The Money*。2020年，*Show Me The Money* 经历了9个赛季，超过 *Super Star K* 成为最"长寿"的选秀节目，每个赛季都备受关注，引发热议。

在我们通常称作数字Z世代的20多岁的年轻人中，*Show*

Me The Money 是无人不知的著名节目,如果你不知道,他们甚至会反驳说,怎么连这都不知道?这难道是他们从出生开始就在数字环境中长大的过错吗?Z世代熟悉互联网和IT,喜欢分享热点内容。当然,他们对热点和趋势很敏感,传播的速度也超快。在传播代表那个时代的内容方面,Z世代功不可没。

的是,他们从小就接触计算机文化,擅长IT。

Z世代

Z世代主要指自2000年之后出生的年青一代,他们最大的特点是"数字原住民"。21世纪初,爆发了IT和互联网热潮,他们在这样的环境下度过了童年,对新技术和流行趋势很敏感。

Z世代的上一代是Y世代。20世纪80年代初至2000年初出生的Y世代是随着全球化发展而成长的孩子,对其他国家文化或其他种族的抗拒心理较弱,而且具有个人主义和开放性的特点。那么,如果问Y世代是否了解 *Show Me The Money*,也许答案各占一半,有认识的,也有不认识的。不知道是由于他们并不像Z世代那样赶时髦,还是由于他们自我意识很强,对这些事不太关心。

现在来看看更上一代的X世代。这是20世纪70年代,抓住婴儿潮的尾巴出生的一代人,他们在韩国经济、政治发生巨大变化的时期度过了青春期。这个时期的特别之处在于,互联网开始普及,同时,作为元宇宙形态之一的网游开始萌芽。如果你问他们是否知道 *Show Me The Money*,他们会自信地反问,在暴雪娱乐公司发行的游戏《星际争霸》中,是不是可以提供游戏币的作弊器?在震撼世界游戏历史的《星际争霸》游戏中,据说只要在聊天栏里用英语打Show

Me The Money，就会提示有可提供游戏币的作弊器。

就这样，仅仅抛出一个单词，X、Y、Z世代的解答都如此不同。从X世代进入青春期的20世纪80年代开始，世界开始发生天翻地覆的变化。从某种意义上说，相比过去500年，在最近50年的时间里，发展出来的技术似乎更多。由此可见，世界在发生巨变，相应地，人们的思想和生活方式也发生了巨大的变化。

所以呢？虽然只有十多年的时间，但不同世代之间的共同点正在逐渐消失。首先，表达的方式就不一样。作为一种传递信息和意见的方法，X世代主要使用纸质文字，而Y世代主要通过数字传媒手段，Z世代更喜欢用视频，而不是文本。由于彼此按照不同的方式，朝着不同的方向发展，现在各世代间有共鸣的情感和知识正在消失。关于一个单词的释义，各世代的回答都如此迥异，这样的事情还有很多，就像"常识"这个单词，构建它基本意义的基础知识已经不同了。人们被各自的智能手机困住，不想面对来自其他层面的压力。在自我意识越来越强的社会里，人们往往只会轻易放弃，而不愿意面对压力，迎接挑战。

出现这种断裂，虽然有其他层面的原因，但因社会地位和处境所带来的困难也确实存在。我们一般通过社会性自我实现生存，社会性自我根据位置或职位被赋予规则。我们经常谈论新职员应该具备的姿态，作为领导者应该展现的角色等，就是例子。在过去，这种社会性自我就是足以代表我的自我，我们所接受的教育是社会反馈的自我，就是我的全部。

你知道《长着驴耳朵的国王》这个童话吗？书中记载，为国王制作服装的裁缝，知道了国王的耳朵长得像驴耳朵这个秘密，因为一辈子都不能说出这个秘密,便闷出了病。于是,他跑到无人的竹林,大声喊出了秘密。这个童话和现在的我们很相似,因为担心生计变得艰难,或者碍于面子而隐藏着无法说出的秘密时,那痛苦的样子和裁缝差不多。不仅在韩国,在中亚的吉尔吉斯斯坦和爱尔兰的童话中也有类似的故事。由此可见,自很久以前,人们便一直重视社会性自我,回避内心。

但随着时代的变化,个性化自我开始受到关注。别人眼中的我,并非全部的我,张扬个性的我也开始得到认可。从那时起,世代间的冲突越来越严重,传统的社会秩序和个人思想开始不断碰撞。当然,过去也存在这种冲突,但大部分情况下,社会秩序被优先考虑。但时代越发展,矛盾就越深。或许正因为如此,推出个性化自我虚拟化身的元宇宙备受关注。

这种特性激发出的元宇宙产业结构就是"用户基础"。元宇宙不是一个人的世界,而是"多用户"的数字空间。构建新的社会,并在其中建立新的秩序和规则。与现实世界最大的不同在于,它不按照以往尊崇社会性自我的秩序,而是全面树立个性化自我,并通过虚拟化身加以展现。在使用虚拟化身的元宇宙中,真实性别、肤色和年龄都无关紧要,即使化身没有与现实保持一致,也会被认可。例如,在元宇宙世界,50多岁的男性也可以以不同的ID和形象出现,并在元宇宙社会中得到认可。

类似的特征在元宇宙中还有一个,就是匿名性,这是一个因为使用虚拟化身而出现的概念。在现实世界中,大多数对话都是实名认证的,面对面会议或电话通话等大部分沟通都是以自己的名义进行的,但在元宇宙世界却恰恰相反。虽然也有需要实名沟通的空间,但大部分都是匿名沟通。

匿名性有时会引出更真诚的对话。在元宇宙世界，人们如同戴了面具，可以真诚地交流。这有点像戏剧中使用的"人格面具"。人格面具在希腊语里用"假面"这个词来形容，我们主要采用了"假面人格"的含义。在戏剧中，"人格面具"最初是指戏剧演员戴的面具。由于当时没有麦克风这样的扩音器，所以演员需要用高帽把声音传达给观众。但是，在戏剧中手拿高帽大喊大叫，会妨碍观众的投入度，所以便在面具上贴了高帽。面具渐渐发展起来，刻上人物的脸以表达情绪。后来，掺杂了拉丁语，"人格面具"（persona）一词逐渐发展为自我的化身、特殊象征或者另外一个自我，含义更加广泛，也成了"人物"或"性格"的词源。

匿名对话给个人带来了很多好处，特别是作为百姓拥有的最大力量之一，在举报揭露不道德行为方面发挥了很大作用，但也暴露了许多弊端。有些人用面具武装自己，有时也会做出猎巫或恶评等不道德行径。连日来，媒体报道了一些饱受恶评折磨而做出令人遗憾的选择的人。

对元宇宙来说，如此重要的用户基础，其优点和缺点就像硬币的正反面一样同时存在。元宇宙拥有以用户为基础的产业结构，因此是一个不允许任意妄为的世界。为了建立这种秩序，需要什么？首先，更多的人必须进入元宇宙世界。有人认为，人多了，偶发的犯罪行为也会增加。这是一种"一叶障目，不见泰山"的偏见。

为了加深理解，让我们回到遥远的过去。过去文明和文化产生的时候，都存在一个社会首领，比如国王和族长，他们就像社会的法律一样凌驾于世。规范虽然存在，但个人的权力更大，远远高于规范，甚至到了中世纪也是如此。然而，随着人口的增多，想法各异的人越来越多，权力的分化也随之而来。因此，出现了国家间的规约，各种机构也开始出现。也就是说，随着人口的增长，出现了自我纠正和净化。

再举个不同的例子。你听说过罗斯柴尔德家族吗？罗斯柴尔德家族是一个真实存在的家族，它出现在各种亚文化内容中，作为各种阴谋论的对象，在背后主宰着世界经济。罗斯柴尔德家族是从神圣罗马帝国时期开始从事商业的犹太家族。直到18世纪，还是一个经营旧货的小商人家族，19世纪正式进军欧洲金融业，投资铁路产业，并聚集了巨额财富。靠着这些似乎永不干涸的财富，直到近代初，罗斯柴尔德家族依然对世界有着巨大影响。英国外交部长关于建设犹太国家的声明（通常称为"贝尔福宣言"）是罗斯柴尔德家族在幕后推动促成的，具有历史性意义，这一事实已广为流传。

但现在，我们看不到像过去那样的影响力了，曾以如此巨大的资金实力统治欧洲的罗斯柴尔德家族，它的影响力为什么缩小了呢？是因为生意失败了吗？并非如此。两次世界大战和经济危机等，可能有很多原因，但最主要的原因，是世界经济的规模已经庞大到无法与过去相比了，一个家族或者个人已经无法掌控金融市场。此外，随着证券市场的扩大，随之而来的自我纠正和净化作用加大，金融监督系统日趋完善。

更多的人聚在一起，必然会产生相应的自净作用，也会产生各种规则，更何况，还有各种专家的诞生。那么，元宇宙世界的人口会有多少呢？事实上，它不是一个单一平台的一元化的世界，所以很难知道确切的人口数量。也一定存在使用多重世界观的用户，那么，我们不妨先来了解一下一个平台上存在的人口。

当今元宇宙世界最炙手可热的平台无疑是Roblox。该公司于2021年3月在美国证券市场上市,受到广泛关注。关于股票和投资的故事,我将在后面的部分进行详细讨论,现在我想简单谈谈有关情况和用户数量。Roblox是一家游戏开发商,开发3D引擎平台。Roblox提供的游戏很简单,以沙盒(Sandbox)形式,将所有游戏的参与和制作都交给用户,它不是单纯的3D画面游戏,它为开发者提供一个开源平台。这与传统沙盒游戏到底有什么区别,会让Roblox如此受到世人关注呢?理由有很多,但最主要的原因就是经济性。在Roblox里流通的货币叫Robux,它可以兑换为现实货币。用户在玩游戏的同时,通过自己制作游戏来获得收入。据说,去年约有127万开发人员,人均在这里获得了1万美元的收入。从这方面来看,我觉得这是一个能较好地展现元宇宙特点的平台。

那么,Roblox有多少用户呢?目前,累计用户数量难以确认,但仅在2021年2月,一个月的用户超过1.64亿,这不是注册量,而是实际使用Roblox的真正用户数量。据统计,他们平均每天在Roblox世界停留156分钟。仅仅从数据来看,就是一个庞大的人口量。这个数字是韩国人口的3倍多,占全球人口的2.1%左右。"啧啧,元宇宙的人口仅仅占世界人口的2.1%吗?"这样想是不对的。Roblox仅是元宇宙的一个平台而已。还有拥有2亿用户的虚拟平台Naver Zepeto,以及几年前拥有超过2亿用户的《堡垒之夜》(*Fortnite*)多种形态的元宇宙。主要以虚拟世界为例,如果再加上以SNS为代表的生命日志元宇宙、《口袋妖怪Go》所代表的增强现实元宇宙、很多企业存在的镜像世界元宇宙等其他形态的元宇宙人口,那么,元宇宙世界的人口将呈爆炸式增长。

为什么对元宇宙如此狂热

我们刚刚大致了解了元宇宙的人口。那么，问题来了，为什么那么多人喜欢元宇宙？首先，我们需要从生理学的角度来看待它。有各种各样的激素影响人类的情绪，其中，多巴胺是一种与刺激相关的深层激素。多巴胺使人类兴奋，是激发人类生活欲望和兴趣的激素之一。如果缺乏多巴胺，无论做什么都会很快厌倦，容易烦躁，而且对任何事情都很难产生兴趣。元宇宙非常适合激活这种多巴胺，因为它很刺激，视觉信息和各种感官信息使我们的大脑兴奋不已。之所以说以游戏为主的元宇宙非常刺激，与这些感官信息与多巴胺有关。

其次，要了解的激素是睾丸素。睾丸素是一种神经物质，人们通常称它为雄性激素。虽然叫作雄性激素，但它其实是男性和女性都需要的荷尔蒙。睾丸素主要与竞争和支配有关，使人产生竞争的性格，对恐惧和痛苦不敏感。此外，睾丸素还是一种与活力相关的激素，被应用于医疗。在竞争中夺取胜利时，这种激素会瞬间提高。由于现代社会中竞争的背景很复杂，取得胜利也不是件容易事，但元宇宙世界是不同的。正如前面提到的，尽管各种竞争持续不断，但因为不用考虑社会问题或面子，所以可以更纯粹地去应对竞争。

最后，皮质醇与睾丸素相反，是与身体平衡相关的激素，主要负责对抗压力等外部刺激。当然，脉搏和呼吸会引起肌肉紧张，使感觉器官变得敏感。换言之，当承受慢性压力或超出极限的压力时，皮质醇会大量分泌，从而破坏身体的平衡。在以虚拟世界为主的元宇宙中，皮质醇的分泌量比现实中要少，原因与真实感有关。用户会感受到与现实相似的真实感，但当压力或恐惧超过一定数值时，它们会出于保护自己的本能，意识到这并不是现实。从那一刻起，皮质醇的分泌就被抑制了。

总之，元宇宙世界是一个环境，使人容易分泌负责兴奋和活力的激素，同时，还能提供可以抑制压力的心理暗示。大多数人想得到刺激和活力，减轻压力，但这在现实世界中很难做到。在元宇宙，这是可行的，我想，这就是人们痴迷于元宇宙的原因吧。

现在，我们从商人而不是消费者的角度，再来了解一下元宇宙受到关注的原因。人们用什么标准来评价技术的价值？虽然有很多标准，但评估技术价值的最大因素主要有三个：技术性、事业性和市场性。

技术性，需要从应用于产品的技术贡献、国内外技术的趋势以及技术水平等多种角度来分析。事业性是指依托技术所生产产品的销售前景、价格和收益率等。市场性是运用技术所生产产品的市场规模和市场前景等的价值总和。我们了解了三个因素，就可以通过货币价值或分数来开展技术价值评估了。

当然，有很多种估算法，我们先来尝试一下最普通的估算法。元宇宙的技术价值能达到什么程度？为了便于比较，我们先来看看情况类似的互联网和智能手机。首先，从两种产品及技术性层面，是无法进行比较的。互联网和智能手机大多数以 2D 或 3D 形式呈现信息和数据，甚至大部分把 2D 信息显示在屏幕上，只有一小部分使用了 3D 引擎。

但元宇宙是什么情况？元宇宙大多采用 3D 技术，甚至加入了触觉等其他感官，被冠以 4D 之名。"2D 和 3D，仅仅是一个数字的递加吗？"大错特错。当一个维度增加时，需要处理的数据量应该是现有数值的二次方，而不是乘以 2 那么简单。如果在 2D 维度中，原始数据的数据量是 10，那么在 3D 维度中就是 100，不仅仅是几倍的增加。更何况，元宇宙世界观加入了其他感官信息，这是传统智能手机或互联网处理的信息量所无法比拟的。

除了运转所需的 VR 和 AR 等技术外，仅在需要处理的信息量方面就没有可比性，也就是说，需要处理的数据之多，单从服务器管理和维护成本方面就有很大的差异。首先，主要使用的云服务器成本会非常高。其次，增强现实感的 VR、AR 技术以及用于构建 3D 环境的虚幻引擎等，使得其技术性和市场性等均是传统市场无可比拟的。

有人说，以技术为前提的元宇宙产业是一个只有大企业才能进入的市场。元宇宙真的只是拥有技术实力的大型企业的角逐场吗？并非完全如此。

这时，我们有必要来看看"网络外部性"，即用户基础价值。网络外部性是指客户基础价值和互补产品的价值之和。互补产品是指同时使用两种产品以提高效用，而不是单独使用某种产品。例如，剃须刀和刀片、游戏机和游戏软件等。这种情况下，如果没有互补产品，功能上会产生致命问题。元宇宙也是一样，只有拥有技术实力的企业打造平台或创造带来真实感的设备，是远远不够的，还需要有好的故事，即情节。正如微软和索尼虽然分别制造了游戏机 XBOX和 PlayStation，但并不能占领整个电子游戏市场一样，在元宇宙世界中，反而是那些善于发挥情节的企业占上风。

互补产品的规模对产品的传播速度有很大影响。因此，以技术为基础的平台公司会垂涎各种互补产品内容。美国奈飞公司（Netflix）和苹果公司（Apple）TV等众多OTT公司之所以每年在"IP产权"上投资数千亿韩元，也是这个道理。因为无论平台如何发达，其中存在的内容非常重要。

所以，到目前为止，能很好地运用元宇宙世界观的平台，大多都采用用户基础人机交互界面。他们知道，仅以自己公司的内容无法满足所有消费者的需求，应该赋予消费者以内容提供者的身份。

即使如此，也不必过于仓促地看待内容，网络外部性具有随着时间推移而收敛至一定数值的特性。即使互补产品或客户基础网络数量有所增加，消费者一时间仍然感觉不到差异。以前面提到的XBOX和PlayStation为例，XBOX早期版本上市时，销量无法与PlayStation相比，因为当时PlayStation版本所积累的游戏软件数量庞大。然而，随着XBOX版本不断升级，微软专注于购买各种IP，因此获得了一定数量的IP。从那时起，当消费者在购买XBOX或PlayStation之间犹豫时，游戏标题就成了次要问题，因为两者都拥有相当庞大的软件。如此看来，当互补产品达到一定水平时，消费者感受到的价值就有一定的收敛倾向。

由于网络外部性的这些特点，后起之秀也有机会赶上领先企业。元宇宙也很有可能出现类似的情况。现在有技术独立价值相同的A、B两种产品，A产品首先进入市场，B产品并非总处于不利地位。那么，重要的是什么呢？在多用户基础元宇宙中，最重要的一点不是技术上的优势，而是"能展示什么"，仅仅靠功能来支配市场的时代已经过去。现在，通过元宇宙这个新的世界，要向消费者展示希望展示的价值和乐趣。

重塑表达与学习

此前，我们在谈及数字与人类共存时，已经了解了 AI 的发展给教育带来的益处，这同样可以看作用户基础价值的一种。现在，我们稍微扩大一下范围，来了解元宇宙以何种方式影响教育，目前已将元宇宙与教育结合的那些企业的变化。

元宇宙将以多种方式改变教育模式。虽然方式有很多，但首先被提及的是把匿名性功能融入教育中。通过虚拟化身进行教育的好处是保证匿名性，这样你就可以不在乎其他人的眼光，有问题便可直接提问。大学是成年人受教育的主要殿堂，但在面对面授课时，几乎没有人提问，因为有个约定俗成的认识：如果提问，就等于占用了其他人的时间。

如果以匿名的形式提出疑问，那会怎么样呢？可能就不会像现在这样，要顾忌别人的脸色，那么自由提问的可能性就会变大，至少提出的问题会比现在要多。

通过虚拟化身开展的教学可以吸引学生踊跃参与。这里还要注意的一点是，有了虚拟化身，不仅受教育者可以轻松、自信地学习，很大概率上，施教者也会比平时更放松、自然。事实上，面对面授课会让人感到无聊和厌烦，但在网上通过视频见面时，会让人耳目一新。可见，匿名性有时会产生积极的效果。

或许正因为如此，最近除了面对面讲座外，采用 VR、AR 或 XR

的教学平台层出不穷。元宇宙教育平台的优势不仅是匿名性功能，在行业基本方面，它也带来了巨大的优势。

元宇宙多功能教育平台很容易将一次创建的内容发布到多个平台，在短时间内，以较低的成本让事业走上安全轨道。通过实时3D引擎反复体验也是一大优势，这样一来，学生和教师都能通过感官体验，而不仅仅是语言的传递进行学习，从而快速提升能力。

这种体验的反复，能全方位提高效率，尤其将在科学领域大放异彩。在自然现象和人类社会现象中，发现和发展普遍规律与原理的科学（字面意思就是"观察"）是一门重要的学科。然而，为了观察一些现象，需要耗费很长时间，还有些现象在日常生活中是不容易见到的。以往，学生在学习科学时，未能亲身体验现有的现象，只靠语言来学习。现在，他们可以使用虚拟世界平台来亲身体验现实的物理规律。

因此，一些企业已经在虚拟世界中建立了科学实验室，并且正在应用于教学。提供虚拟科学实验室平台的先驱企业Labster，正在为全球超过2 000家机构和超过300万名学生提供最先进的虚拟实验室服务。Labster在虚拟现实中建立社区，使用多种工具进行协作学习，并通过在虚拟世界中开展的多项实践和课程教授大量学生。

在传统的课堂空间里，学生有时会选择坐在教室后面，对教育提不起兴趣。但是，协作基础上的VR和AR应用教学能激发学生的积极参与，开展仿真实践，使学生获得不亚于亲身体验的知识。在虚拟现实中，学生可以随意移动自己的虚拟化身，与教授和其他人交流，自由地进行实验（见图3-1）。

图 3-1　通过虚拟实验室开展实验（图片来源：Labster）

让我们来看一下 Labster 公司主页上的客户体验案例。加州州立大学的生物学教授 Cindy Malone 博士有一年的时间持续使用 Labster 在线课程的一部分，为学生提供学习体验。她详述了虚拟实验室在学习过程中的好处，以及它如何帮助非专业学生学习生物学和科学等。

再切换到早期虚拟实验室，大家都很难，需要花费很多时间来设定学习条件，但通过 Labster，只需要三周就可以完成。她说，通过虚拟现实教育得到的最大好处是，使用虚拟实验室，学生可以有更多的时间用来思考，大大减少了操作失败的次数。实验失败的概率也从之前的 20% 降低到 5%，虚拟实验室允许更多学生加入并完成模拟。

除了在科学领域，元宇宙在心理领域也发挥着巨大作用。提供虚拟现实健康管理模拟解决方案服务的 Kognito 公司是一家虚拟现实咨询模拟公司，为咨询师提供 AI 虚拟现实人物角色对话，开展模拟咨询。该解决方案服务几乎涵盖所有心理咨询部门，包括为在校学生提供咨询教育、精神护理、改善朋友关系、治疗酒精中毒、癌症、急性和慢性疾病、心理健康、儿科治疗、自杀预防、心理创伤信息教育和咨询等。通过这种元宇宙，心理咨询师可以提前了解不同患者的情况，并为患者提供量身定制的个性化咨询服务。与传统方式相比，最大限度地减少了试错，有利于培训专业咨询师，其意义重大。

Kognito 公司也提供平台，通过互动 VR 帮助医生远程提供更多治疗解决方案。通过远程医疗对话模拟，医疗专家练习了适合病人的远程医疗问诊和咨询。与传统医疗方式相比，患者的病痛可以得到更妥善的治疗。这个案例为虚拟现实中的咨询解决方案指明了全新的发展方向，也给未来元宇宙教育领域的发展带来许多启示。

虽然目前只应用在心理教育领域，但是随着数据的积累和对 AI 信任度的提升，通过 AI 直接进行咨询的发展方向也值得考虑（见图3-2）。

如此，元宇宙教育相关平台在医学领域的应用也引起了广泛关注。不管怎么说，医学是与患者生命息息相关的领域，所以不能以经验不足为由犯错误。但在元宇宙世界，医学也是可以"体验"的。

图 3-2　AI 咨询模拟场景（图片来源：Kognito）

医疗模拟虚拟教学的最大优势是改善医疗教学和降低患者风险。为临床学员提供沉浸式模拟体验，让他们接受比以往更智能、更高效的训练。包括使用超声波、急诊患者护理和分娩流程培训等全息强化模拟器，为医疗学生提供质量更好的教育。例如，作为元宇宙教育解决方案公司，CAE 的医疗保健业务部利用最新的 AR 设备为初级医疗教育工作者提供各种可视化信息（见图 3-3），使他们在不危及现实患者的情况下，深入了解解剖学空间关系，提升心脏疾病相关的超声检查能力，找到最佳解决方案。掌握这些建立在虚拟现实基础上的实践技能后，学员就可以极其熟练地投入真正的医院临床工作中。

图 3-3　虚拟医疗模拟场景（图片来源：CAE）

就这样，关乎患者生命的医疗教育，也通过协作和虚拟教育，构建了一个小型元宇宙。这些元宇宙平台为教育参与者提供了全新的教育方向以及非常逼真的模拟场景，帮助他们在真正的手术中能有最佳表现，这极具启发意义。

和之前看到的例子一样，随着新教育平台的出现，元宇宙的架构变得多姿多彩。同样，元宇宙也在重新定义教育的概念和用途。不仅在教育领域，实际发生的变化比这更广泛，更迅速。也许，就在此时此刻，元宇宙正在地球某个角落发生着足以震惊世界的变化。

这些变化会让有些人摸不着头脑。当年，互联网和智能手机刚出

> **元宇宙和痴呆**
>
> 将元宇宙应用于医学领域的举措不仅仅是医学教育平台。英国名为 Virtue 的公司正在为患有痴呆症的人开发 VR 技术,他们把痴呆症患者过去的照片、面貌和熟悉的环境等呈现在虚拟现实中,来帮助治疗痴呆患者。
>
> 这一举措目前在韩国也有,虽然尚未公开发布商业化时间,但也是备受期待的领域之一。

现时,也有一段时间,人们很难适应全新的交流和教育方式。元宇宙时代也一样,在一段时间里,会让人感到陌生和复杂。

当然,就像以往那样,人们很快就会适应新的世界,把尖端文明递来的甜蜜果实放进嘴里。但有一点我们必须铭记,新文明所带来的果实,只给有准备的人。所以,接下来的章节是我为大家准备的,希望能帮助大家做好准备工作。为了配合之前分类的元宇宙产业结构,我们分析了将成为新时代主流的企业基本面,并试图了解它们有哪些发展契机。再说一次,如果你曾经用遗憾的表情盯着过去 MAGA(超级进化)的成长,那么现在希望大家关注眼前的第三波浪潮。

04

元宇宙：体验的切入点

事实上的标准与事实标准

它是世界第二大经济体,是全球人口最多的国家,它拥有五千多年的历史,请问这是哪个国家?正是中国。中国是一个有着悠久历史的国家,孕育了无数历史人物。我们熟知的《三国演义》《楚汉志》等也是根据真实人物编写的小说。那么,谁被认为是对中国历史产生重大影响的人物之一呢?答案是中国第一个称皇帝的君主——秦始皇(公元前259—公元前210)。

在美国学者迈克尔·哈特编写的《影响人类历史进程的100人》一书中,秦始皇超越凯撒和拿破仑,排名第18位,他是中国历史上第一个实现大一统的皇帝。在韩国,流传着一个传说,秦始皇梦想可以长生不老,于是遍寻"不老草",最后遗憾离世。在中国的历史上,除了实现统一,秦始皇还有很多丰功伟绩,其中一个就是制定标准。春秋战国时期,各国合纵连横,联合抗秦。实现统一后,秦始皇意识到想真正实现统一,需要制定统一的标准。不久,他在社会、经济和文化等领域全面推行标准化。统一了不同国家所用的货币和文字,以及长度、重量、体积的测量单位度量衡。为了推进标准化,国家直接做好尺子和秤分给百姓,把包括土地在内的所有统计数据做得准确透明,渐渐地,各种纠纷减少了,百姓的生活变得更加舒适。

这样看来,标准化在历史上就是强大的武器,标准本身也具备很大的能量。今天,人们依然努力争取让自己的产品成为标准,因为他们的产品一旦被认定为标准，就能在与其他产品竞争中具有领先优势。那么，标准由谁来制定呢？虽然有专门机构来制定标准，但不能像过去秦始皇那样随心所欲地制定。尤其对于新兴的产业来说，它的标准尚不明确，更是难上加难。

因此，现如今，相比专门机构所制定的标准而言，事实标准（De Facto Standard）更加重要。事实标准是指当某种产品或物质被开发后，迅速在网络上传播，实际上起到了相关产业标准的作用。随着全球化的发展，事实上的标准变得越来越重要，它不仅涉及经济行业，而且正在扩展到语言、文化等各个领域。由此可见，在抢占市场方面，事实标准才是重要因素，并不是仅靠技术就能实现的。

> **标准化**
>
> 标准具有无穷的力量。秦始皇的故事闻名世界，微软称霸计算机操作系统市场，也是运用标准的力量来实现的。
>
> 另一个例子是被称为"汽车之王"的亨利·福特（Henry Ford）的故事。他使汽车成为大众产品，他创立的福特公司现在依然是世界著名的汽车公司。
>
> 在他创立公司的20世纪90年代初，汽车还是富人的专属产品。他将汽车所需的零部件和工艺标准化，批量生产，使汽车价格大幅下调，以至于普通人也可以购买汽车。

下面我们来看一个事实标准的例子，前面提过的早期计算机操作系统 Operating System（以下简称"OS"）。最初，苹果比微软更早进入计算机 OS 市场，正常情况下，应该是苹果控制计算机操作系统市场，然而，微软已得到了业界的标准认可，并将其应用在与苹果的交易中。

开发麦金塔计算机（Macintosh）的苹果公司曾委托微软制作搭载于麦金塔计算机的应用程序，但微软却一拖再拖，先发布"Windows"，后制作了进入麦金塔计算机的 OS。之后，大举抄袭麦金塔的"Windows 2.0"面世，苹果极其愤怒，将微软告上法庭，但由于之前签的合同中有毒丸条款，苹果败诉。后来，种类繁多的计算机操作系统纷纷面世，但都是在微软的 Windows 已经成为行业标准之后了。现在，虽然有些操作系统的功能比 Windows 更出色，比如麦金塔计算机和 Linux 等，但它们无法超越微软的堡垒地位，最终成为二流操作系统。最主要的原因，就是消费者已经习惯了微软销售的计算机中内置的 Windows（见图4-1）。可见在制定行业标准时仅靠技术能力和效用性是不够的，抢占先机，以及与其他产品的兼容性也很重要。

图 4-1　Windows 操作系统 logo 的变迁（图片来源：微软）

当然，标准化也存在"垄断"的副作用。在操作系统问世 30 年后，家用计算机仍然使用 Windows 作为操作系统，几乎垄断了市场。从某种意义上说，对消费者来说，这种垄断抹杀选择的多样性，无法带来金钱收益，这是不好的趋势。不过，事实标准也是一个企业先于其他企业快速抢占市场、打压未来市场进入者的力量。因此，为了使自己的产品成为行业标准，大家都在全力以赴。

在未来比较抢手的行业里，这种现象将更加明显。全球研究公司Gartner发布的VR市场规模显示，2019年VR市场规模约为103亿美元，每年还将以21.6%的比例持续增长。根据Gartner数据，2019年，AR市场规模约为116亿美元，比VR市场增长更为迅猛，市场规模在2025年将达到421亿美元。VR、AR，如今也形成了一个庞大的市场，并不断扩大规模，那么关于行业标准的事实标准竞争也会日益激烈。事实上，这两种设备都是在元宇宙里与真实感关联最深的技术。

首先，说到VR设备，不能不提的企业就是Facebook。Facebook似乎不能满足于镜像世界元宇宙的代表地位。Facebook发布的建立在HMD（头戴式显示设备）基础上的VR设备Oculus Quest 2，仅在2020年第四季度就售出了大约200万—300万台，和过去苹果iPhone头戴式耳麦的早期销量差不多。对此，Facebook首席执行官马克·扎克伯格（Mark Zuckerberg）表示："我们走上了成为首个主流虚拟现实头戴式耳麦的轨道。"同时，他还表达了自己对Oculus Quest产品的自豪感。

Facebook也曾表现出一种慧眼，它敏捷地捕捉潮流，抢占市场。Facebook是21世纪初期成立的公司，最初主要服务于以计算机为基础的SNS。之后，在智能手机革命时期，他迅速将自己的服务融入智能手机中，为公司的进一步发展打下了坚实基础。这种商业理念很可能也适用于元宇宙。我认为，这款叫作Oculus questra的VR设备就是把服务融入元宇宙世界观的初步尝试。

另外，也有人认为，VR设备要像智能手机一样被大众使用，还需要一段时间。主要是因为与智能手机不同，佩戴 VR 设备的瞬间，会让人产生孤立感。不知道是不是 Facebook 也意识到了这一点，除了 VR 设备，还通过 Project Aria 将 AR 植入墨镜或眼镜上。在 VR 设备变得像智能手机一样普及之前，期待 AR Glass 发挥作为过渡性产品的作用。

Facebook 持续关注那些能够增加元宇宙真实体验的设备，我认为他们并不只是在考虑销售 VR 设备。过去，随着智能手机的普及，苹果的应用程序（以下简称"App"）市场所产生的市场规模接近 570 万亿韩元。当然，这个金额是软件商店衍生出来的市场规模，不是苹果软件商店的销售额，而是入驻软件商店的企业创造的商品销售、服务、数字产品、广告等收入的总和。即使这样，570 万亿韩元也是一笔巨款。这个售后市场似乎是 Facebook 瞄准的市场，旨在把自己公司的 VR 设备打造成行业事实标准，重新构建在平台内使用的软件市场。Facebook 的 Oculus quest 成为市场的标准，我认为这不是无稽之谈。

之所以这样想，是因为 Facebook 有以低廉的价格出售其设备的趋势。事实上，里面植入的软件与传统 VR 平台基本相同，但一款软件售价却达数万韩元。如此看来，打造平台，吸引其他企业携带软件入驻他们的平台，是个高明的策划。如果他们在自己的平台上构建基础设施，以供其他企业传播内容，那么引领新型市场的可能性就更大了。

此外，我认为，在这些举措的背后，也包含着对苹果的不满。现有 Facebook 大多借助智能手机提供服务，Facebook 的主要商业模式是通过销售 App，向注册用户投放各种广告。但目前，苹果正在制裁 Facebook 的 App 市场，利用所谓政策的手段，持续攻击其营销和招揽顾客等部分。我认为，Facebook 之所以下定决心要打造独立的市场,就是向苹果公司无言地宣战,"你再这样,我也不会坐以待毙,我不和你玩了"。由此可见,Facebook正在进行全方位的探讨和思考,备战下一个市场。

Facebook将下一个市场定位在元宇宙,但苹果的动作也不容小觑。世界级金融专刊《彭博》(*Bloomberg*)的一份报告称,苹果将于2022年推出高端VR头戴式耳麦。根据听到的传闻,有一支秘密团队由数百名员工组成,他们负责这个虚拟世界和增强现实技术项目。苹果发布的VR/AR相关人事招聘公告,增加了这些传闻的可信度。在证券界公示的关于收购VR/AR相关企业信息,进一步印证了苹果关注元宇宙的事情绝非简单的传闻。

首先,从苹果将要发布的VR耳机的说明书来看,它使用的材料比传统的VR耳麦更轻,而且设计灵巧。使用两个高清分辨率的8 K显示屏,提高了分辨率,安装了比传统设备更高的空间感知传感器和视线追踪系统。与传统耳机最大的区别是让现实世界的画面也可以通过显示屏呈现的技术。这堪称综合创造多种价值的举措。马克·扎克伯格批评道,这是一种降低虚拟现实现实感的技术,由此可见,各大"列强"公司对元宇宙设备的兴趣不仅仅出于好奇。

其次,苹果公司还在研发其他AR相关设备。AR眼镜自不必说,还将开发多种元宇宙设备(见图4-2)。目前还没有确定的事实证明,有必要观察其今后的动向。考虑到苹果在智能手机革命中跃居世界第一,怎会对下一步市场袖手旁观呢?苹果对元宇宙设备的开发在某种程度上被认为是既成事实。

图 4-2　苹果 VR 眼镜概念图

除此之外，苹果发布的无人驾驶汽车"苹果车"也与元宇宙关联颇深。在这本书的第一部分，我们看到了一个描写 2030 年元宇宙生活场景的故事，故事中出现的无人驾驶汽车，正面由显示屏组成。这仅仅是想象吗？不是的。无人驾驶车辆商业化后，传统出行的时间概念本身就会发生变化。随着无人驾驶车辆的普及，我们直接驾驶的时间，将被享受内容的时间取代，因为人们不再需要自己开车了，这也是特斯拉、苹果等公司争先恐后地进入 OTT 市场和内容市场的原因。无人驾驶车辆引领的未来出行，将成为一个小型的元宇宙，空间巨大。为了应对那个时刻的到来，如果让苹果投资元宇宙设备和显示技术，他们是不会以"如果不行就算了"的态度来对待的。个人认为，作为世界第一的企业，应该不仅是想进入市场那么简单，而是希望自己的视觉信息传递技术成为行业标准。这就是致力于成为行业标准的战争的另一面。

在这样的 VR 产业中，为了成为事实标准而展开的战争，不仅仅是海外列强之间的一场战斗。韩国国内市值第一、世界级科技公司三星电子也再次出征。事实上，三星电子从 2015 年开始推出 Gear VR

（虚拟现实头戴式显示器）系列，早已预料到了VR市场的崛起。一直到2019年，三星持续挑战市场，但并没有尝到甜头。或许是这个原因，2020年6月起，三星电子终止了对VR视频App的"Oculus Go""Oculus Rift"等VR设备的支持，并于当年9月终止其VR平台"三星XR"的服务。三星电子曾经说过，VR市场的发展未达预期，所以撤出市场。也有人分析称，VR会不会像"3D电视"一样闪亮登场，然后无声无息地消失呢？当时人们都在谈论，三星电子不会再次进军VR市场了。

但是最近业内疯传，三星电子要再次挑战VR市场。2021年2月，业内人士称，三星电子有望最快在年内推出新的VR头戴式耳麦。其依据是，2020年10月，三星电子在美国专利局注册了名为"Galaxy Space"的VR头戴式耳麦品牌商标。2021年1月，三星电子向世界知识产权组织（WIPO）的附属机关海牙国际外观设计系统，提交了增强现实与虚拟现实自然连接的混合现实（MR）相关头戴式耳麦和游戏机控制器专利，这也充分证明三星电子没有放弃VR市场。

三星电子提交的专利，使人联想到昆虫眼睛的前部设计，让人印象深刻。有人预测，这是一台独立设备，无须与计算机连接即可享受内容。面对各种传闻，三星电子相关人士表示，正在持续开发VR/AR相关技术，但对具体终端或服务的发布等却避而不谈。拥有独特设计的三星电子产品能否像智能手机一样成为一种行业标准，我认为还有待观察。

事实上，混合现实领域也是微软主推的领域。微软在互联网革命时期曾成为事实标准，积累了大量经验。但是，在智能手机革命时期，对于成长中的智能手机市场判断迟缓，让苹果蹿升至全球市值第一的企业,蒙受了巨大羞辱。后来,又收购了智能手机企业 Nokia,带来巨额损失,尝尽了失败的苦头。有着惨痛经历的微软,真的会错过被称为下一时代的元宇宙市场吗?我认为肯定不会。

微软已经向市场推出了一款应用混合现实技术的护目镜(见图 4-3)。他们所推出的"HoloLens"在方向上与其他公司略有不同。现有的 Facebook、苹果和三星电子等大科技公司正在面向市场推出一些侧重于 B2C 模式的产品。但是,微软的 HoloLens 采用是比 B2C 更合适的 B2B 模式。HoloLens 能从专业化的角度指导设计图复杂产品的制作过程,而不仅仅供普通用户体验。来看看它的方式,可以输出被扫描的现实中实际物体的 3D 图像,并可以自由修改。此外,它还是一款独立设备,内置了 Windows PC 功能,而不需要连接到计算机或智能手机等其他设备的头戴式耳麦。

图 4-3　HoloLens(图片来源:微软)

因此，HoloLens 深受那些精密制造企业的青睐，比如制造汽车和半导体的企业等。在需要精确性的安全领域，HoloLens 也被广泛应用。最近，微软与美国陆军签署了合作协议，2021 年 4 月，媒体报道称，根据协议，微软需要向美国陆军交付超过 12 万个 HoloLens。专家预测，这项合同将使微软在未来 10 年间销售额增加约 25 万亿韩元。当天，微软的股价比前一天上涨了 1.69%。从某种意义上说，这也是一个策略，在预期爆发血战的市场中巧妙地钻空子。

到目前为止，我们主要谈论的是可穿戴设备，即穿戴式设备。头戴式设备和眼镜类型的设备都属于穿戴式设备。但到目前为止，很难说哪种特定模式或方式就是元宇宙设备行业的行业标准。目前，事实标准尚未确定。

根据技术发展周期理论（Technology Cycle Theory），这个时期被称为"混沌时期"。技术发展周期理论是分析美国计算机、水泥等行业形成的技术周期理论，阐述技术的变化和发展是循环发生的理论。其中，"混沌时期"是尝试不同方法和设计的阶段，还没有成形的、经过市场验证的方式可以借鉴，只能不断地进行尝试，也是企业之间相互竞争的阶段。

下面，我们以熟知的平板电脑为例，加深一下理解。1989 年，一款名为"GridPad"的平板电脑面世，这是全球第一台平板电脑。之后，AT&T 公司、Atari 公司和苹果等公司相继于 1991 年、1992 年和 1993 年推出了平板电脑产品，微软、诺基亚等科技公司也全部涉足平板电脑领域。但直到 2010 年，市场一直不温不火。市场的转折点是从 2010 年苹果和三星分别发布"iPad"和"Galaxy Tab"时开始的。事实上，这两家企业的产品都成了平板电脑市场的事实标准，随着主导市场的设计登场，该行业迎来了一个全新的局面。我们把这之前的阶段称为"混沌时期"。

这些举措目前在元宇宙设备行业表现得十分活跃，企业抱着自由的态度，以没有经过尝试和验证的方式开发各种产品。事实上，针对解读元宇宙设备的研究工作，并没有止步于 VR/AR 领域。

在介绍目前正在开发的技术之前，我想问一个问题。你认为第一章中提到的电影《黑客帝国》里的虚拟世界可以成为现实吗？我的回答是："在不久的将来，是可能实现的。"那么，需要开发出什么样的技术，才能实现《黑客帝国》中的虚拟世界呢？

如果你经常看科幻小说或电影，你大概就会看到，人们登录虚拟世界时，他们头上贴着类似心率测量传感器的设备，我们称之为脑机接口（Brain-Computer Interface，以下简称 BCI）。BCI 技术是指使用脑电波操控计算机的接口，是将大脑发出的信号通过传感器转换成计算机可识别的命令或操作指令，而不是通过语言或身体动作让计算机执行这些指令的技术。其发展速度虽然比穿戴式设备慢，但在该领域的研究工作始终没有停止。维尔福集团（Valve）、微美全息（WIMI）等很多公司都在坚持研究，但目前都还没有发布相关商业化计划。

在这个领域最受瞩目的公司应该是 Neuralink，是由特斯拉 CEO 埃隆·马斯克创立的脑研究初创企业，他于 2021 年 3 月在华盛顿哥伦比亚特区举行的卫星会议上发布了一个领先技术的视频，让猴子只凭思考就能玩电子游戏。埃隆·马斯克表示，按照现在这样的趋势，一年之内就可以转化成人类实验。他甚至还表示，用这种技术可以治疗老年痴呆和帕金森病等神经疾病。这种说法听起来太荒诞了，但由于发布人是埃隆·马斯克，人们的期待越来越高涨。在过去，他说过很多听起来异想天开的话，但现在人们已经看到他引领特斯拉走向了成功。

除此之外，还有各种各样的技术正在开发中。计划于2021年下半年推出的"Omni One"是一款虚拟跑步机模拟器（见图4-4），其外观酷似电影《头号玩家》中的虚拟现实连接设备。从开发商发布的视频来看，用户可以身临其境地移动身体，可以体验第一人称视角射击游戏FPS类游戏的快感。这款模拟器之所以受到关注，是因为它不仅支持用户做蜷伏、蹲伏、跳跃等自由运动，还能匹配视线和运动，减少"认知失调"。使用虚拟现实设备时，您是否见过或体验过眩晕感？发生眩晕，最主要是由于认知失调。现实中的我向前走，但在虚拟现实中我朝另一个方向移动，或者飞上天空等，这时大脑就会发出感觉保护信号，这个信号就是眩晕，类似一种保护机制。这也是虚拟世界首先要解决的问题，以推动虚拟世界在大众中广泛传播。"Omni One"采用了视线与运动相匹配的方法，解决了这个问题。

从感觉领域向不同领域发展的设备也亮相了。总部位于美国加利福尼亚州的研究公司HaptX发布了"HaptX Gloves"，该手套具有VR触觉反馈（见图4-5）。据介绍，使用这款手套，用户可以感受到VR中对象的形状、运动、质感和温度。这项技术似乎将超越手套，拓展到整个身体的感觉领域。

如果这些技术逐渐改善并被商业化，最终不就连接到《黑客帝国》中的虚拟世界了吗，也许电影里看到的虚拟世界距离我们比想象中的还近，到那时，技术的评价标准本身就会发生变化。

这么多技术和企业都在努力成为元宇宙世界的主流。未来哪些技术将成为代表元宇宙的设备还无从知晓，但可以肯定的是，引领元宇宙世界的企业将来必定赢得巨额财富和荣誉。就像在智能手机革命时期，苹果和 Facebook 等全球 IT 大企业一样。

图 4-4　使用 Omni One 玩 FPS 游戏（图片来源：Omni One）

图 4-5　实际使用触感手套的照片（图片来源：HaptX）

如果说过去大家只是旁观了互联网和智能手机革命时期一些企业的飞黄腾达，那么现在，我们更应该关注围绕元宇宙展开的关于行业标准的战争。如上所述，如果说智能手机是革命，元宇宙就是一种新的文明。这个世界会发生巨大的、简直超乎想象的变化。

连接数字世界与"我":硬件模式转换

接下来,我们将对之前了解的企业进行更细致的分析,讲一些真正有助于投资的事情。与体验切入点相关联的领域是硬件,这也是过去数十年来一直持续发展的传统优势产业领域,如计算机、智能手机等。

Twitter 的共同创始人兼前 CEO 埃文·威廉姆斯(Evan Williams)创立的在线出版平台 Medium,刊载了琼·拉多夫(Jon Radoff)关于元宇宙的专栏,他将元宇宙的核心价值链分为七层(见图 4-6)。

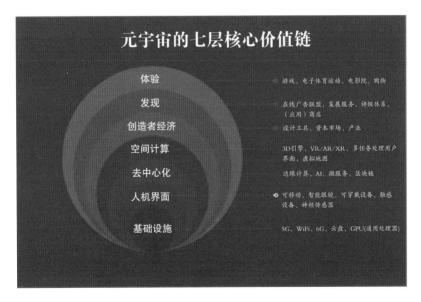

图 4-6 元宇宙的七层核心价值链

在这七层核心价值链中，空间计算（Spatial Computing）领域包括软件产业中实现空间和运动的 3D 引擎，以及实现了我们熟知的虚拟现实和增强现实的硬件（VR 和 AR 相关设备平台）产业。

这个硬件产业如同一个工具，带领我们进入构成元宇宙的各种世界。元宇宙的空间计算意味着打破物理世界和理想世界之间的障碍，实现混合虚拟计算，从而超越屏幕和键盘所代表的传统计算边界，设计虚拟模拟系统。空间计算是我们进入 3D 空间，通过更多的信息和经验来扩展现实世界的广义技术，正处于爆炸式增长阶段，是一项可以使人类在尽可能多的空间里，体验空间感最大化的技术。为了构建这种新一代空间计算平台，迫切需要 AR 和 VR 硬件技术的支持。

事实上，AR/VR 硬件市场自 2016 年备受瞩目以来，一度发展乏力。导致该产业发展不振的理由是硬件性能商业化不足，与其他设备缺乏兼容性，最主要的是内容不够充分。为了享受 VR 内容，必须有高性能计算机。但仅仅为了打游戏，便需要配备昂贵的 VR 设备甚至高性能计算机，这对个人来说经济负担太重。

但是，AR/VR 应用的领域不仅是游戏行业，随着其应用领域扩展到娱乐、教育、建筑、医疗和制造业等，需求也日益增长。现在，即使投资高性能计算机，也可达到收支平衡了。换句话说，是有利可图的。

先驱者 Facebook

这是一个富有竞争力的产业，从某种意义上讲，大型科技公司进军这个产业是理所当然的。或许正因为如此，AR 和 VR 正在成为继计算机和智能手机之后的主要硬件平台。目前，这个市场的先驱者 Facebook，正在势不可挡地进入空间计算硬件平台市场。Facebook 已经公开发布，未来 10 年的核心计划就是打造 AR/VR 下一代平台。

Facebook 公司一个名为 Oculus 的部门在扩展现实（XR）硬件技术方面拥有极大的市场竞争力，该技术是在本公司硬件设备的基础上，把元宇宙的支柱，即现实与虚拟联系起来的硬件技术。市场调研公司 Counterpoint Research 披露的数据显示，2020 年，Oculus 在全球 XR 市场占有 53.5% 的份额，位居榜首，是索尼公司的 4 倍多。索尼公司以 11.9% 份额位居第二，这充分说明了目前 Facebook 在这一领域遥遥领先。自 2014 年收购 Oculus 以来，Facebook 一直将元宇宙视为下一代平台，全面加大投资力度，并收购硬件、相关内容和技术公司，是大型科技公司中投资比较活跃的公司。

Oculus Quest 2 现已上市，这款产品亦被称为支持无线 PC 连接和 120 Hz 刷新率，可实现无限办公室的"无线链接"（OCULUS AIR LINK）平台。由于有了这项功能，在使用设备时无须连接其他传统设备，只要有高速网络即可。

由于上述技术的开发，Facebook 2020 年第四季度业绩报告显示，公司其他业务销售额同比增长了156%,这主要归功于包含在其他业务销售额内的以Oculus VR头戴式耳麦为主的元宇宙设备的销售。这种趋势仍在继续,未来,在Facebook总收入中硬件平台收入所占的比重很可能会持续增长。

Facebook正在推动其社交媒体的再次升级(见表4-1),以谋求企业价值的大飞跃。新韩金融投资发布的一份报告显示,近20%的Facebook员工约有1万人在现实实验室(Reality Labs,AR/VR相关业务)工作。由此可见,Facebook正开足马力,力争在元宇宙世界取得领先地位。Reality Labs是Facebook技术业务的核心,它汇集了世界级的研究人员、开发人员和工程师团队,为AR和VR绘制未来发展蓝图。

Facebook地平线(Horizon)

地平线是2019年9月,Facebook推出的社交网络平台(SNS)。这是一个在虚拟空间里以虚拟化身与人享受交流的平台,是将迄今为止Facebook推出的所有沟通功能集于一身的平台。

从2020年底在美国、加拿大和韩国等几个国家申请商标的情况来看,该产品将在不远的将来呈现在人们的面前。

事实上,Facebook瞄准的市场不仅仅是硬件市场。首先,Facebook凭借其在强大的硬件平台市场的竞争力,从以往从事的社交媒体业务向元宇宙模式转变。长期以来,社交媒体平台用户对新形式的社交媒体一直有需求,也带来了诸如短视频剪辑平台Tik Tok和音频社交软件 Clubhouse 等新服务的迅速成长。

表 4-1 Facebook 企业价值评价（资料来源：markets creener.com）

	2018	2019	2020	2021	2022	2023
市值总额（单位：百万美元）	376 725	585 321	778 040	855 589		
EV	335 611	530 455	716 086	777 252	750 314	707 123
PER（股价利润比率）	17.3	31.9	27.1	26.7	22.3	19.2
利润分配率	-	-	-	-	-	
市价总额/销售	6.75	8.28	9.05	7.93	6.63	5.7
EV/ Revenue	6.01	7.5	8.33	7.2	5.81	4.71
EV/ EBITDA	10.1	13.4	15.5	14.1	11.3	8.87
PBR（股票的价格－账面价格比率）	4.5	5.84	6.15	5.5	4.43	3.58

Facebook 的另一个社交平台的支柱即 VR 社交应用 App——地平线（Horizon），据说目前正在进行 β 测试。如果快的话，2021 年年底，下一代虚拟化身社交媒体将会问世，该社交媒体能够准确识别人脸甚至动作。现在，在虚拟现实中，大家极有可能超越时空，尝试在传统社交媒体平台无法实现的体验。

值得一提的是，iPhone 发布的初期的季度销量与目前 Oculus Quest2 的季度销量相似。2020 年第四季度 Quest 2 的出货量为 200 万至 300 万部，预计 2021 年可达 300 万至 400 万部，这预示着类似过去智能手机的市场环境可能还会出现。这句话也就意味着，不久之后，有可能开启一个规模与早期智能手机 App 市场类似的市场。我有一种强烈的预感，正如 Facebook 所希望的，它将抓住以 VR 为基础的 App 市场的主导权。

现在，我们来看看销售额。Facebook 的销售额增长率近 5 年来呈下降趋势，但营业利润率和纯利润率分别保持在 30% 和 20% 左右（见图 4-7、图 4-8），由此可见，Facebook 主要做的是高利润业务，尤其是 Facebook 在美国数字广告市场中占有大约 23% 的份额。2020 年，因为新冠肺炎疫情暴发，数字频道用户急剧增加，在线市场作为广告平台的价值进一步提升。到 2024 年，全球数字广告支出有望达到 5 262 亿美元，平均每年增长 12%，Facebook 主要业务部门的收入仍在持续增长（见图 4-9）。Facebook 的全球数字广告市场占有率（20%）仅次于谷歌，排在第二位，有望从市场增长中获益。当然，广告业的逐渐复苏也起到了积极作用。随着全球疫苗的普及和年底旺季的到来，全年业绩前景乐观。

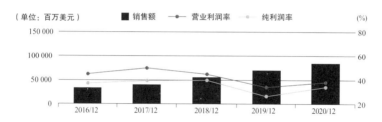

图 4-7　Facebook 股价利润性指标（资料来源：FnGuide）

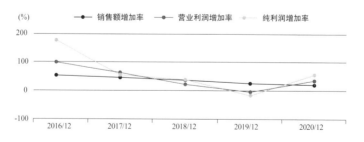

图 4-8　Facebook 利润成长性指标（资料来源：FnGuide）

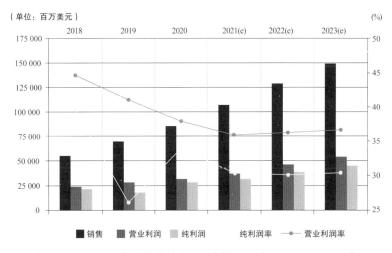

图 4-9 Facebook 销售趋势（资料来源：markets creener.com）

上述最前沿主要业务部门收入的稳定增长意味着现实实验室和 Oculus 的技术业务部可以得到财政支持。目前，这些技术部门创收所占比重还不大。也就是说，Facebook 可以为技术部门开发新产品提供稳定的生产环境。

Facebook 创建的商业生态系统将是集聚了媒体内容、广告、社交媒体等的元宇宙世界观，通过 Oculus 平台向公众呈现。Facebook 的长期增长能力非常强，因为已经奠定了将传统移动社交媒体移植到元宇宙平台的基础。

有别于谷歌的起步：微软与增强现实

在 AR 市场，微软 HoloLens 的表现值得关注。AR 设备需要最基本的用户位置、移动变化、语音和行为识别等认知功能。为了提供这样的认知功能，需要专用处理芯片实时处理来自各种传感器的大量数据。

微软的 HoloLens 2（见图 4-10）是在上述认知功能所需的数据处理方面技术出众的产品。HoloLens 2 为用户提供了针对环境优化的 AR 功能，以创新方式改善现场办公效率，以 3D 环境构建的显示器模式，让用户能够真实地查看、触摸和共享信息，感受前所未有的办公体验，这个硬件设备就像是把我们曾在电影中看到的场景变为了现实。

图 4-10 佩戴 VR 眼镜的用户

HoloLens 2 以追踪眼球运动的"眼动追踪"技术和三维位置识别技术为基础，进一步营造了进化的工作环境，它正在演变成一个硬件平台，为从业者提供适合不同行业领域的应用。还将微软公司的各种工具（如 Azure）组合，构建系统，以便在多个领域使用（见图 4-11）。除此之外，微软还在制造业、医疗保健、教育等领域应用 AR 平台即 HoloLens，提供大量的解决方案服务。

图 4-11　VR 在各行各业的应用场景

其中最值得关注的是微软将其平台云服务 Azure 与 HoloLens 平台相结合的智能服务。该服务允许用户在工作和生活环境中捕获数字信息，并轻松实现协作。Azure 远程渲染可以呈现高质量的交互式 3D 内容，并实现实时流式传输，通过提供超越设备物理限制的三维内容，使产业工厂管理、资产设计审查、手术前制订手术计划等所有精密工作流程，都能在 3D 画面中生动呈现。它是一个解决方案，可以帮助我们更好地了解各行业需要的复杂信息。

建立在 HoloLens 基础上的硬件平台服务收入必然会进一步增长，因为许多合作伙伴公司已经在使用微软的 HoloLens 和解决方案平台。

近几年来，微软公司作为一家平台，即服务（PaaS）类型的企业，正在巩固其发展基本面。以平台云计算服务 Azure 为核心，成长要素配置稳扎稳打，企业运营表现突出。

微软作为"高速数字化"的受益企业，2021 年第二季度业绩惊人。随着客户对业务"数字化"的需求不断增加，整体业务部门的销售额也有所增长。其中，云服务器、Office 365、XBOX 等 IT 和元宇宙相关领域的发展最为突出。

尤其值得注意的是，微软近五年来营业利润率的涨幅持续上升（见图 4-12、图 4-13）。这主要归功于云平台服务企业的转型，云服务器产业的营业利润率甚至比作为主要销售部门的硬件部门还要高 40%。今后微软有望成为平台云计算服务第一提供商 AWS 的最大竞争对手，未来其在云领域的发展更值得期待（见表 4-2）。

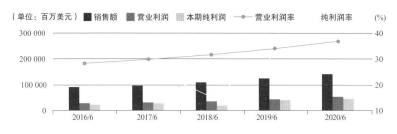

图 4-12　微软利润指标（资料来源：FnGuide）

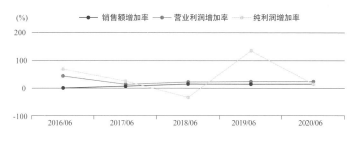

图 4-13　微软利润成长性指标（资料来源：FnGuide）

表 4-2 微软企业价值评价（资料来源：markets creener.com）

	2018	2019	2020	2021	2022	2023
市值总额（单位：百万美元）	757 640	1 026 511	1 543 306	1 969 650		
EV	700 112	964 870	1 470 106	1 901 269	1 871 205	1 851 452
PER（股价利润比率）	46.3	26.5	35.3	35.5	32.6	28.7
利润分配率	1.70%	1.37%	1.00%	0.85%	0.91%	1.04%
市价总额/销售	6.87	8.16	10.8	12	10.9	9.63
EV/ Revenue	6.34	7.67	10.3	11.6	10.3	9.05
EV/ EBITDA	15.4	17.7	22.4	24.3	21.6	18.3
PBR（股票的价格－账面价格比率）	9.15	10	13	13.3	10.3	8.1

正是得益于这种增长动力，预计 2021 年销售额将达到 1 814 亿美元（见图 4-14），营业利润为 722 亿美元，净利润为 605 亿美元，下半年有望实现营业利润率达到 40%，净利润率达到 30% 的目标。

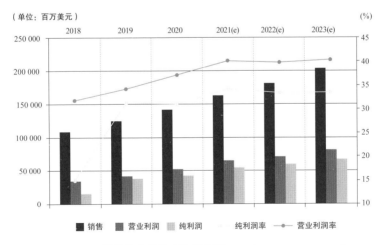

图 4-14 微软销售趋势（资料来源：markets creener.com）

特别是作为一家大型科技公司，微软拥有约 40% 的净资产收益率（ROE），最近三年，净资产收益率增加，预计到 2023 年，企业资本性支出（CAPEX）将比 2018 年增加两倍以上，这也意味着微软的业务需求在同行业市场持续增长。随着现金流的持续增长，大多数重要的财务指标（如 2023 年的每股现金流可能比 2018 年增长两倍）都使微软有望实现长期增长。

综上所述，未来元宇宙硬件市场很有可能走向繁荣，市场调研机构 PwC 预测，与 VR/AR 相关的元宇宙技术市场规模到 2030 年将达到约 1.8 万亿美元。已进入市场的企业阵容也十分强大，前沿产业 Facebook、微软、苹果等公司，与后方体系半导体产业相关企业，如英伟达、高通等公司共同组成硬件供应和价值链。

市场研究机构（CCS Insight）的数据显示，到 2024 年，VR/AR 等元宇宙设备的出货量将达到约 5 500 万台，约为 2020 年出货量的 8 倍，所以说相关市场的高速增长是意料之中的。因此，在众多大型科技公司的激烈竞争下，请相关投资者拭目以待，看看拥有全新模式并正在发展的 VR/AR 硬件平台市场将如何取代并完善传统的智能手机市场。

05

元宇宙平台：数字世界的核心商圈

没有硝烟的平台战争

爱彼迎、Uber、谷歌、YouTube、阿里巴巴、PayPal 都是企业价值超过 100 兆韩元的企业（见图 5-1）。它们中的大多数成立还不到 20 年。那么，这些企业到底有什么共同点，让它们在很短的时间内成为了主导世界经济的企业呢？它们的共同点是"平台经济"。

图 5-1　具有各种各样功能的平台

平台这个词的意思是"站台"，过去是指乘坐火车时上、下车的站台。平台的含义逐渐得到了扩展，曾用于表示 IT 行业中组成特定设备或系统基础的构架或框架。在现代社会中，它扩展成适用于不同领域的普遍概念。可能正是因为平台在很多领域都被综合地使用，因此定义也各不相同。例如，在某些领域，它指的是销售各种商品的窗口，而在某些领域则是表示帮助与其他服务建立联系的软件等无形的价值。

那么，平台为什么会受到全球企业家的关注呢？原因很简单，因为当各种手段和人聚集在一起时，自然会有商业行为发生。在地铁站和公交站台上张贴着各种各样的传单，商户比比皆是。这跟买房时看重"核心商圈"如出一辙，因为平台附近便利设施齐全。

目前平台也发挥着类似的作用。构建方便使用的平台，会吸引消费者；有了消费者，供应商就会聚集，自然就产生了营销的效果。一家企业不需

> **平台**
>
> 平台原来的意思是"站台"。站台是火车、地铁等交通工具和乘客相遇的空间，乘客支付费用，交通工具将乘客运送到目的地，相互受益。
>
> 在现代社会，其范围已经扩大，不再仅代指运输工具存在的空间，而用来表示销售各种商品的窗口，在有些领域则表示帮助与其他服务建立联系的软件等无形价值。

要生产所有产品，因为一旦看到搭建的平台，其他企业就会入驻。

平台在成本方面有一定优势，可在短期内为企业带来高于投资预期的成效。这就像是不用多大的力气就能举起重物的杠杆，所以在经济学术语中被称为"杠杆效应"。平台行业产生杠杆效应的原因很简单，因为大部分平台企业都扮演着纽带角色。此时，对平台企业而言，重要的不是向消费者展示高端技术，而是让消费者感受到通过平台能够得到便利。这样的说法会让企业感觉在技术层面的负担相比其他行业要少很多。这跟镜像世界元宇宙有相似之处，重要的不是单纯把所有的东西都集合在一起，而是如何把收集来的信息加工得漂亮。

或许由于以上原因，平台行业对于创业公司或初创型企业而言，

也被视为机遇所在。创业公司如果不是拥有相当的技术实力，就很难在市场上快速成长，原因是受到资本规模限制。一般说来，我们将这种规模的收益称为"规模经济"，大多数行业基本上都存在成本的消耗，且呈现出一旦达到一定规模，成本增长速度就会下降的趋势。所以，只有在生产或经营实现规模化的条件下，才能实现经济收益。

基于上述特征，平台经济倾向于重视网络效应，这与传统商业模式通常强调供应和制造略有区别。网络效应可分为两种，首先，"直接网络效应"如字面上说的那样，是使用平台的用户数量引发的网络效应。例如，我们每天使用的即时通信 App。韩国人使用最多的 App 是什么？不管问谁，回答都会是"Kakao Talk"。自 2010 年首次上市至今，它一直占据着即时通信 App 第一的位置。

Kakao Talk 成功后，其他企业也开始涉足智能手机即时通信 App 业务。其中 Naver 一度拥有比 Kakao Talk 更多的用户。Naver Line 当时凭借视频通话功能等多种功能和便捷性赢得了大众的好评，但最后，它在韩国还是不太成功。

这个现象背后的原因是什么？简单来说，就是 Kakao Talk 抢先了一步。这里还需要对"直接网络效应"有所了解。Kakao Talk 首先于 2010 年进军即时通信 App 市场，Naver Line 在 2011 年才正式上线。这一年的时间差决定了双方的成败。这一年，Kakao Talk 成为社会热点。用户连续使用一段时间后，发现它可完全取代每月曾需要不少花销的"短信"，也让韩国国内智能手机大众化迅速提前。Kakao Talk 的占有率一直居高不下，Naver 这才急忙发布了即时通信软件 Line，但人们显然已经习惯了 Kakao Talk。即使 Line 的功能很强大，已经通过 Kakao Talk 进行大量交流的大众都离不开 Kakao Talk 了，这就是"直接网络效应"。网络用户的数量本身就是平台的力量，就像前面提到的 Kakao Talk 一样，这种趋势在 SNS 服务中更为重要。因为参与者在同一空间使用服务，且相互影响，这种效果有时亦称为"同一网络效应"。

在说明第二个网络效应之前，这里先做一些补充说明。今后 Naver Line 是不会倒闭的，为了抢占"直接网络效应"，Naver Line 正在开拓海外市场。目前在日本、东南亚被称为"国民即时通信软件"，这也是平台经济"直接网络效应"的具体案例之一。

下面我们来了解一下第二个效应，即"间接网络效应"。间接网络效应是占据平台一部分的对占据另外一部分的人们产生影响的系统。

为了有助于理解，让我们来了解一下居住共享平台爱彼迎（Airbnb）。爱彼迎是一家典型的美国独角兽企业，于 2008 年开始运营。独角兽企业是将市值超过 10 亿美元的初创企业比喻为传说中的动物——独角兽，囊括了一大批在 2010 年前后迅速成长起来的 IT 企业。韩国也有以游戏《绝地求生》出名的游戏公司 Krafton，被称为全国最佳时尚平台的 Musinsa 等。

爱彼迎的商业模式很简单。房东出租自己的闲置房间，租客使用房间并支付费用。爱彼迎在房客和房东中间作为中介，收取佣金，这便是公司的营利结构。房东们通过出租空闲的房间或房子来获利，而房客们则以比酒店低廉的价格租用房间，可以节省旅行或出差的费用。这种商业模式是镜像世界元宇宙的一种，可以视为供应商和消费者将双赢的世界投影到镜子里的事例。

接着谈一谈间接网络效应。从房客的立场出发，万一使用爱彼迎遇到没有充足的房源的情况该怎么办呢？也许等待预订房间的时间会延长，房费也会变得昂贵。但如果这种情况持续下去，作为消费者的房客可能会离开爱彼迎这个镜像世界。换成从房东的立场出发也是类似的情况。如果想租房间的人很少，等待出租的时间会变长，再严重的话会引起价格竞争，这会导致租赁价格的下降。像这样尽管彼此没有相同的立场或空间，但依然相互影响的网络效应称为"间接网络效应"，或者叫"交叉网络效应"。

总之，平台经济有着不同于传统商业模式的形态和特征，而且其在市场上的杀伤力也不容小觑。因此，当新的产业出现时，谁将赢得该行业的平台主动权就会备受关注。被公认为主要平台的企业，其价值会一直攀升，投资该企业的投资者也必然会受益匪浅。之前谈到平台时，作为具体事例提到的韩国企业，也在新产业群中被认定为主平台。在不到 20 年的时间里，也算是与世界级企业并驾齐驱了吧。

在将改变世界的元宇宙产业中也活跃着同样的市场动作，各类企业都在致力于成为元宇宙市场的主平台。最近，曾经存在于我们记忆中的"赛我"网宣布，将重点使用区块链和元宇宙，以重新找回过去在韩国社交媒体平台领先的荣耀。目前还没有确切的新闻报道反映要以何种方式挑战元宇宙平台，但人们预测"赛我"网会将过去被称为"橡子"的虚拟商品重新加工为利用区块链技术的加密货币，以 VR 等元宇宙的技术方法推出装饰自己化身和房间的"迷你小屋"服务。当然，"赛我"网能否利用新技术避免重蹈过去的覆辙还是个未知数。因为许多 IT 公司已经在市场上崭露头角。

其中，最近颇受关注的元宇宙平台是 Roblox。之前简单解释过，Roblox 为了使自己成为主平台，正在使出浑身解数。目前，月活跃用户已超过 1.5 亿，美国超过一半未满 16 岁的孩子喜欢 Roblox。事实上，Roblox 并不是从一开始就受到青少年的追捧。

在世界范围内，一款名为《我的世界》的沙盒游戏更受欢迎。自 2011 年推出以来，《我的世界》就备受关注。到 2020 年，其总销量超过 2 亿张，是有史以来销量最高的视频游戏，活跃用户达到 9 000 万，是全球较受欢迎的游戏之一。《我的世界》被称为"沙盒"类型的代表性游戏，孩子们可以像玩沙子一样自由创作。

乍一看，两个游戏的玩法差不多：进入世界观，用各种材料或信息创建世界，有时与他人合作玩各种游戏。不过，Roblox 作为引领元宇宙的平台而备受瞩目，但《我的世界》却并未达到同样高度。最近，Roblox 平台还拓展出了社交功能。

这两款游戏都允许多人参与，但《我的世界》更适合单人游戏。当然，《我的世界》也存在着用户自己创造的世界。但与 Roblox 相比，挥发性更强。从登录的那一刻起，用户就体验到了社交功能，游戏里的商品具有等同于现金的价值。之前我们把元宇宙表述成数字地球，这句话等于说，在一个创造的世界里面，要构建一个新的社会，创造文化。因此，Roblox 想超越游戏本身，在其中创造出各种价值。我们认为，这些举措将成为未来 Roblox 向多功能平台演进计划的序曲。

作为计划的一部分，人们首选进军中国，用户数量对于平台的网络效应至关重要。目前，中国是世界上人口最多的国家，也是在 IT 行业投入巨资的国家。对于引领新 IT 行业的元宇宙企业来说，中国市场令人垂涎。但是，由于政策等原因，很多元宇宙公司都无法轻易进军中国市场。

于是，Roblox 与中国三大 IT 公司之一的腾讯（Tencent）联合成立了合资公司。在中国，腾讯与阿里巴巴（Alibaba）、百度（Baidu）并称为三大 IT 公司。在合资公司中，Roblox 拥有 51% 的控股股权，腾讯旗下的子公司拥有 49% 的股份。可以说，这家合资公司的能力，左右着 Roblox 今后进军中国的前景。如果 Roblox 成功进入中国，那么将会成为在长久的平台大战中占据优势的跳板。

如此众多的企业都在争先恐后成为新的元宇宙产业的主平台。平台战争正在围绕元宇宙的各种技术领域展开。前文所提到的由可穿戴设备的标准引发的战争，从大框架来看，也是平台竞争的一部分。围绕元宇宙的平台竞争今后将会持续加剧。

这种现象也在传统行业中存在。传统产业引入元宇宙，以谋求新平台的变化。从现在起，就让我们来了解一下元宇宙与传统产业碰撞后将发生的变化。

元宇宙重新设计汽车产业

近来最热门的产业群是什么?很多人都会异口同声地说是移动终端。移动终端产业正因电动汽车、氢能汽车等环保汽车而迎来新局面,再加上无人驾驶车辆,当下的移动终端市场就像过去汽车刚开始普及时一样火热。最近元宇宙也开始在移动终端市场发力,今后的市场更加值得期待。从现在开始,我们将逐步了解移动终端市场与元宇宙平台的关系。

随着特斯拉带动的电动汽车行业的出现,汽车市场大幅增长。现有的内燃机汽车制造厂商也相继进入电动车市场。作为下游产业的汽车制造公司,将电动车产业作为长期增长战略课题,推动行业发展。作为上游产业的电动汽车电池市场也备受期待。

移动终端市场指的不仅仅是汽车制造企业。在现代社会,移动终端也叫作移动电器产品,是各种技术的融合体。可以说,过去作为机械工业宠儿的汽车工业,现在被称为电装产业的集合体也不过分。汽车的电动化意味着即将搭载更多的车辆半导体,电装部件(车辆安装的所有电气、电子设备),数码设备等,汽车制造也相应地经历了一个尖端化的过程。越来越智能化的汽车,迎来了从企划到销售的新模式。

近年来,随着汽车制造行业使用 VR 和 AR(XR)进行汽车制造培训、设计和零部件设计以及产品销售方案,该行业与元宇宙的融合更加受到关注。几年前,"实时 3D"技术在移动、计算机和控制台游戏市场普遍使用。现在,随着 VR 和 AR 行业的发展,除了游戏工作室之外,它已成为汽车、运输等行业的基础设施(见表 5-1)。

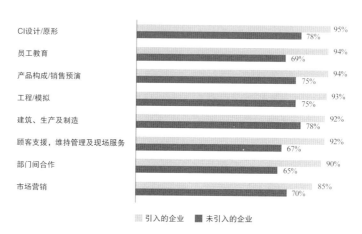

表 5-1 引入实时 3D 的企业潜在价值(资料来源:Forester Research)

我们来看一个 VR 应用于移动终端企业的例子。德国汽车制造商奥迪(Audi VR Experience)使用 VR 为客户提供体验,这是一种以"Audi VR Experience 虚拟现实汽车配置项目"为基础的销售策略。

奥迪为消费者提供了用 VR 间接体验其移动终端模型的各种内外配色、内饰设计的服务,Audi VR 让顾客有了生动的体验,帮助他们更好地选购车辆。

使用 VR 进行移动终端间接体验服务并不是奥迪的专利。如果您在最近访问移动终端厂商的主页,可以看到通过 VR 观看量产车辆的用户界面已经上线(见图 5-2)。起亚汽车在推出纯电动汽车 EV6 的同时,还为潜在客户提供可获得同试驾一样感受的 VR 试驾服务。雷克萨斯提供利用实时 3D 效果图让顾客了解车内外配置的服务(见

图5-3）。全球移动终端企业采用VR销售方案，摆脱了驻店式的传统销售策略。目前，每个汽车卖场都安排了销售产品助理，激发顾客的购买欲望，今后会将这种方案升级为营销战略，让顾客在购买汽车时感受到更强烈的沉浸感。

这种基于VR技术的间接体验系统对于变化的移动终端销售方式会产生影响。据说，2020年，至少有20%的新车是在网上销售的，44%的汽车销售是从线上咨询开始的。无论是在线销售还是预售，都应该考虑到顾客未见到实际车辆就决定购买的情况，要为客户提供尽可能多的体验信息。以往这些信息包括车辆的照片、功能和性能的数据、价格等，现在要提供按照消费者要求设定功能的系统已是最基本的，为帮助顾客做出决策，甚至可以提供视觉和有共鸣的VR信息。

在移动终端领域，包括VR

图5-2　VR驾乘中心主页界面
（图片来源：起亚汽车）

图5-3　雷克萨斯发布的VR服务
（图片来源：雷克萨斯）

在内的元宇宙技术不仅用来帮助消费者做决策,还广泛应用于制造中。正如前面所提到的,汽车搭载的零部件是越来越昂贵的电装设备,因此装配零部件的工作也非常重要。尤其是汽车发动机,大约有一千个零部件,相当于汽车心脏,发动机的安装也是造车过程中技术要求最细腻的工作之一。基于特定引擎的CAD数据的AR映射程序,可帮助员工更快地了解汽车发动机和变速箱等动力系统,并安全地完成组装。

因此,移动终端公司正在利用VR来帮助员工掌握高效的业务流程(见图5-4)。据介绍,奥迪正在用VR对物流中心员工进行培训,从而帮助员工在工作中避开一些可能犯的错误,提高作业效率,由此降低汽车制造成本。奥迪品牌所属的大众集团早就为员工提供了基于实时3D的VR培训方案,员工在虚拟现实世界中以化身的角色熟悉业务,工作效率显著提升。企业将汽车制造工序中一系列的数据加工成高度化的经验价值,并利用这些经验价值培训工程师。这相当于以XR为基础的实时3D技术改变了汽车制造培训的趋势。

让我们看一看相当熟悉的宝马(BMW)吧。宝马通过3D效果方案具有代表性的Unity(实时3D运营和创作平台),用AR和VR彻底改变了生产流程,还从

图5-4 利用VR制造移动终端
(图片来源:奥迪AG)

Unity 获得了一系列解决方案来进行车辆营销。宝马通过最具创新性的实时 3D 技术应用程序创建了该公司无人驾驶系统的预开发路线图,并在虚拟世界中拥有了数百万个模拟场景。开发无人驾驶系统需要的数据不可能在现实世界的道路上搜集,因为有肇事的危险。因此,在实际技术应用前,宝马 95% 的无人驾驶测试均是在虚拟世界中使用虚拟车辆完成的。

通过 VR 模拟无人驾驶车辆在各种社会和成本方面都有着巨大的优势。如果在现实世界中试运行,就需要制造车辆,还要得到相关机构的审批许可,相当于多花两倍的时间。如图 5-5 所示,在虚拟模拟测试期间,制造商可以在多角度调整测试车辆和其他物体的同时,实时收到模拟信息。

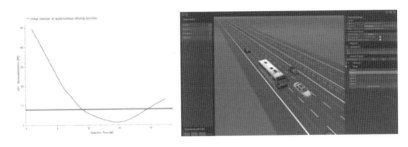

图 5-5 模拟无人驾驶的画面(图片来源:Unity、BMW)

当然,会有人质疑虚拟示范行驶的准确性,毕竟现实和虚拟世界存在着差异。但目前已经出现了把实际物理法则复制到虚拟世界的 Omniverse 等平台,关于平台的作用前面已进行了介绍。此外,最近还出现了一种趋势,即测试期间用户就可以获得即时、可视的结果,而且无须任何特殊的传感器就能量化所有数据,因此对相关数据的分析会更有效。

在汽车设计方面，实时 3D 技术同样有效。实时 3D 技术将设计师和汽车放在同一个交互空间，在汽车设计阶段将重要的数字可视化和维度建模的优势发挥到极致。车辆模型不仅存在于虚拟空间中，如果佩戴 XR 头戴式耳麦，在相同的模型中还更易于实时协作，设计师们利用实时 3D 技术可减少工作失误，减少重复操作所需的时间和成本，从而构思更多的设计选项，创造出比以往更出色的成果。

借助 XR 头戴式耳麦和实时 3D 技术，移动终端设计师可以体验到人与机器的互动媒介——人机接口 HMI（Human Machine Interface），企业可从新的设计师开发成本中节省 300 万—500 万美元。总的来说，在汽车设计行业，实时 3D 技术可使开发新车辆的成本节省约 500 万美元。

到目前为止，我们已经了解了元宇宙在技术层面和移动终端产业的关联性。但是，正如我多次强调的那样，在移动终端中，技术部门固然重要，但情节也就是精心编排的内容的力量同样至关重要。对与移动终端行业相关联的技术来说，也是同样的道理。

或许正因为如此，最近游戏相关行业研发人员的身价有上涨的趋势。据说不仅是同行业，各个产业群都在发出邀约，人才引进竞争非常激烈。特斯拉首席执行官埃隆·马斯克也曾公开表示希望游戏研发人员加入他的公司。这是为什么呢？因为元宇宙内容范围的领域会不断扩展，特别是在移动终端领域，无人驾驶车辆面临拐点，同时也让这种趋势更加凸显。因此，像埃隆·马斯克这样在移动终端领域处于领先地位的人也在挖掘游戏研发人才。

埃隆·马斯克的理由在于植入特斯拉汽车的触摸显示屏上的界面。他说，在显示屏上，他想看到一个有趣的游戏界面，而不是简单的驾驶信息。我认为这充分说明了当前移动终端的发展方向。埃隆·马斯克还表示，未来的汽车将不再局限于提供驾驶乐趣，而是成为一个通过最先进的显示屏和系统为乘客提供内容的多功能空间。随着汽车的电装系统和 AI 技术等未来移动终端技术的发展，互联汽车和无人驾驶时代即将到来，未来移动终端完全可以被定义为以出行为基本功能的智能设备。

进入无人驾驶时代后，车辆的显示屏将不再是现在的小信息窗口，而是会发展成现在无法比拟的具有先进功能的一种类计算机显示器。汽车的几乎全部功能都通过显示屏运行，占用面积也会增加。

随着时间的推移，这种趋势会越发明显。美国汽车工程师协会（SAE）指定的无人驾驶第 4 级先进技术，可以让驾驶者无须操纵驾驶，便可在车内浏览线上内容或观看电影放松。减少车辆操作，防止不必要的人为干预，从而为人们提供便利，是未来无人驾驶技术的核心所在。

由此可见，在移动终端领域，内容越来越重要，特斯拉也意识到了这一点，并将其无人驾驶服务确定为订阅型商业模式。如果把无人驾驶服务变成订阅型商业模式，不用一次性支付昂贵的金额，一定会吸引更多的客户。但只有特斯拉为增加无人驾驶服务的销售而去猎聘游戏行业开发者并推出订阅型服务吗？我认为这是特斯拉的高瞻远瞩之处。

订阅型商业模式的优势在于，用户可勾选包含其他服务的选项，界面操作是互动的。换言之，特斯拉将构建一个商业模式环境，让像 Netflix 这样的内容企业获得版税，其创作的内容将纳入无人驾驶订阅服务中。如果存在能够提升消费者满意度的原创内容，在车辆上能否以游戏的形式表达出来呢？也许埃隆·马斯克正在梦想着打造一个多用途的电装产业企业，而不仅仅是一个移动终端企业。

未来，移动终端领域的霸权不仅维系于汽车行业，而会是一个数以百万计的行业集群。从某种意义上说，我认为这应该是最像元宇宙的产业群吧。因为这两个产业都是融合了技术、内容、叙事等诸多要素的新世界。

重塑设计模式

正如我们之前所了解的,实时 3D 技术是一种计算机图形技术,可生成比人类感知的速度更快的交互内容。这里出现的一个重要词语是"交互",意思是内容的方向不是单方面的,而是互相影响的。实际上,与只提供被动体验的电影等内容不同,实时 3D 可以像电子游戏一样,在感受现实感的同时,控制自己的体验,创造出身临其境的数码现实。

实时 3D 的应用领域是无穷无尽的,未来还有很大的潜力融入各行各业。最重要的是,在向元宇宙时代的过渡中,实时 3D 无疑会发挥必经之路的作用。

仅看一下 AEC 公司就能了解这种趋势了。AEC 是建筑、工程和建筑业的统称。AEC 公司基本以经营建筑业为主,在项目实施过程中会遇到许多与生产力和效率相关的问题。全球管理咨询公司麦肯锡(Mckinsey)的一份报告称,由于分散的工作流程和低效造成的返工,导致每年建筑行业损失成本高达 4 500 万美元。此外,20% 的在建项目存在不遵守时间表的情况,80% 的项目报告出现预算超支。蔓延全球的新冠肺炎疫情让 AEC 行业的风险进一步恶化。

AEC 企业正在元宇宙上寻找解决方案。准备结合基于 VR 和 AR 的实时 3D 解决方案,努力减少造成损失的要素(见图 5-6)。部分企业将实时 3D 技术与包括元数据和传感器等在内的数据源信息结合,用于创建和管理与实际类似的建筑数据模型。AEC 企业采用实时 3D 解决方案获得的好处有以下几点：

图 5-6　应用于施工现场的 AR（图片来源：Unity）

节省成本

提前发现设计及工程缺陷，安排施工顺序，提前确定施工日程。

接收更多的项目订单

在 VR 中向客户展示建筑物，或使用令人印象深刻的 AR 应用程序制作并展示完工效果，有利于吸引客户。

缩短竣工及项目结束期限

推动利用 VR 和 AR 的各领域协作以及沟通，将各种软件的数据整合到一个模型中，从而缩短工期。

实时 3D 解决方案适用于从设计到初步施工再到作业现场的所有领域。2020 年 3 月公开的 Unity 研究结果表明，在建筑的整个生命周期中，采用实时 3D 的 AEC 企业通常将实时 3D 技术应用于 4 个以上的领域。

瑞典大型建筑公司 Skanska 在标准工人安全培训计划中实现了基

于 Unity 的 VR 体验,从而改善了施工现场的安全问题(见图 5-7)。他们利用沉浸式 VR 提高了工地现场的安全性,还被认为独创了 VR/AR 体验。借助基于 VR 的解决方案获得的好处在于提高了作业人员对作业时危险因素的认识,营造安全环境,减少事故发生,保护了工作人员的安全。

在 AEC 行业采用实时 3D 解决方案的事例中,有 VR 模拟被用于医院建设的例子。位于美国明尼苏达州的建筑商莫滕森(Mortenson)是美国排名前 20 的建筑开发企业。根据莫滕森的介绍,用 VR 模拟医院设

图 5-7 模拟安全教育现场

(图片来源:Skanska)

计,可以减少病患的治疗程序和移动,提高医护人员工作效率,进行医疗设计的结果是在设计阶段就节省了大量成本。这个项目设计使用了 VR 和 360° 视频,解决了不少问题(见图 5-8)。

图 5-8 虚拟医疗设施(图片来源:Mortenson)

早在几年前,莫滕森就已经意识到将虚拟技术融入设计与客户体验服务所带来的价值,并非常关注元宇宙,还创建了一支专业的 VR 团队。之后,他们与 Unity 合作,在建筑设计审查、管理和营销计划

等方面满足客户要求，积极利用相关技术，确保了企业竞争力。

这使医疗领域的相关人士能够大规模提前体验和定制新的工作空间，并节省大量用于定制实物模型的成本，有利于提高医务工作者的工作效率。对建筑公司来说，这是与其他企业保持差异化的新武器。

众多建设项目公司采用实时 3D 解决方案，在众多领域实现多方面应用。实时 3D 提供可进行协作和通信的媒介。因此，随着实时 3D 的引入，各种流程将会更加顺利地同步进行。事实上，90% 的使用实时 3D 的公司认为，实时 3D 对于支持跨部门协作非常有效。

因此，在虚拟环境中创建一个模型后，就可以将其用于整个业务部门的任何部分。例如，如果创建了一个虚拟环境模型，那么施工团队可以使用在设计阶段使用的虚拟模型来现场查看和处理与实际大小相同的 AR 图像。管理团队可以创建用于建筑维护的高保真交互软件，这种协同效应可缩短建筑施工所需的时间，激励效率低下的部门，切实降低建设项目延误或预算超支的风险。

06

元宇宙的基础设施：
构成新地球的骨架

基础设施：卫星战争的序幕

基础设施（infra）是"infrastructure"的缩略语，是工业化发展时期经常使用的一个词。在工业现场，意指"构成生产或生活基础的重要结构，比如道路等"，后来逐渐扩展，延伸为包含"学校和医院等生活基础"的词语。现在，基础设施一词适用于所有领域，主要指"构成社会生产或经济活动基础的产业基础领域"。

那么，元宇宙的基础设施是什么？要想了解这个，我们有必要依次来对元宇宙的结构进行分析。首先，以最需要技术进步的虚拟世界为例，构建虚拟世界需要通过 3D 引擎创建数字图形。

与仅仅制作一个角色不同，在构思整个世界时，需要绘制的事物和风景的数量会呈几何级数增长，所产生的数据量比制作一款游戏要多得多。尤其是，元宇宙是一个社会，在管理这个社会的平台投放市场之后，大量的数据也会来回穿梭，这时处理信息的流量非常大。

为了构建元宇宙，需要高速的通信网络，元宇宙的基础设施之一就是通信网络。我们主要用 3G、4G 这样的词汇来称呼这个通信网络，通信网络是以互联网为基础的行业所必需的。过去，智能手机的出现也建立在 3G 通信网络普及的基础上，可见，通信网络与我们的生活息息相关。目前，韩国普遍使用 5G 通信技术。5G 通信网络在全球不断发展，这使无人驾驶车辆、AI 等第四次产业革命不再是梦。

人们常说，要实现虚拟世界元宇宙，需要 6G 通信网络。灵活应用 AI 的通信技术即 6G 普及后，将使整个城市呈现为三维虚拟空间，可以实现超越 VR 和 AR 的"超实感扩展现实"，相当于我们在小说或电影中看到的虚拟现实。因此，众多企业为了未来的市场，全力以赴地开发 6G 通信网络。

在韩国，三星电子也发布了关于 6G 的开发计划。三星电子是全球首个将 5G 商业化的企业，根据发布内容，6G 网络最快可在 2028 年前后实现商业化。三星电子还表示，6G 网络可以连接约 5 000 亿个设备，这一数字是 2030 年预测全球 85 亿人口的 59 倍，将推动物联网技术和 AI 技术的革命性变革。

6G 通信网络

据预测，6G 将在 2030 年左右实现，传输速度将达到每秒 100 千兆位以上，是传统 5G 移动通信的最大速度 20 千兆位的 5 倍左右。

电信网络产业作为数字创新的基础，是目前世界各国的关注点。美国前总统特朗普曾强调，美国必须抢占下一代通信网络；韩国政府也强调了 6G 的重要性，并表明了支持的态度。

那么，为了持续推动通信基础设施的发展，应该优先发展哪些技术呢？就是人造卫星技术。很多人认为，虽然说人造卫星技术是一种高端技术，但与我们的生活相去甚远。实际上，人造卫星技术和我们的日常生活紧密相关，甚至远远超乎我们的想象，导航、通信网络、气象观测和 GPS 等都是鲜活的例子。可见，通信网络和人造卫星是密不可分的领域，在众多的人造卫星中有专门用于通信网络的卫星。

在海外，通信人造卫星在普通人群中也备受关注。韩国的国土面积没有那么宽广，网络技术又发达，无论去哪里都可以上网，随着5G技术的推广，包括山区在内的偏僻地区也可以有网络，网络将无处不在。不过，在土地广阔的国家，情况却完全不同。2019年国际电信联盟调查的数据显示，全球互联网普及率不到60%，也就是说，地球上还有近一半的人口没有使用互联网。

这样的问题不仅在发展中国家存在，在美国这样公认的全球第一经济大国，一旦走出市区，情况也差不多，没有互联网和通信的地区还有很多。因此，美国对通信卫星的兴趣一直不曾中断。因为通信卫星，世界顶尖公司的CEO之间互相诋毁，相互争斗。

这些投身通信卫星战争的企业，全部是我们所熟悉的企业。首先就有全球市值第一的企业苹果公司，还有仅发一条推文就能影响世界经济的埃隆·马斯克创立的SpaceX也参与了卫星战争，由全球最富有的杰夫·贝索斯（Jeff Bezos）所创立的亚马逊也对卫星战争绷紧了神经。

其中，亚马逊的杰夫·贝索斯和SpaceX的埃隆·马斯克之间争斗的传闻一度闹得沸沸扬扬，这两个世界上最富有的人为了在地球轨道上建立卫星网络展开了激烈竞争。据了解，目前SpaceX在轨道上有约一千颗卫星，未来还计划发射数千颗卫星。亚马逊尚未发射卫星，仍处于研发初期阶段。

这场战斗始于2020年夏季，SpaceX向通信委员会提交更改卫星高度的请求，SpaceX说，其卫星高度的改变不会干涉其他企业的轨道，但以亚马逊为首的其他企业似乎不这么看。亚马逊大声疾呼，

SpaceX的卫星高度变化会干扰其他企业获批的卫星，甚至可能发生撞击风险。

对此，埃隆·马斯克通过SNS发布消息，亚马逊的卫星距离面向公众开放还很远，SpaceX是为了多数人的利益才改变轨道的。杰夫·贝索斯反驳说，埃隆·马斯克的言论是为了SpaceX一己之利，绝对不是为了公众的利益。对于这番争论，哈佛大学的天文学家乔纳森·麦克道尔（Jonathan McDowell）表示，两家企业的实质性争论点不在于是否干涉的卫星轨道问题，而是SpaceX抢占轨道的问题。他说，SpaceX的卫星占据的各种轨道越多，其他企业以后可以进入的宇宙轨道就越不足。

事实上，这并不是SpaceX和亚马逊两家企业第一次闹矛盾。此前，SpaceX将大量资金和技术力量集中在发射卫星上，直到2018年，仍未取得重大成果。2018年，埃隆·马斯克因研发工作过于迟缓而大发雷霆，解雇了7名高级管理人员，包括项目的首席设计师和SpaceX当时的副总裁。这些人现在牵头负责亚马逊的卫星项目，所以两家企业的关系不可能好。

如果是这样，我就有点好奇了。为什么世界上最富有的两个人痴迷于卫星开发？首先，埃隆·马斯克曾表明自己的梦想是"火星地球化"。火星地球化的基础设施需要卫星，这一点我可以理解。要在火星上建设通信和互联网等各种基础设施，单纯靠搭建通信塔是不可能实现的。

那么到底杰夫·贝索斯和亚马逊为什么对卫星如此敏感呢？答案很简单，看看他们目前靠什么生意赚钱最多就知道了。目前，亚马逊的云服务器服务AWS已占其销售额的12%，看似数量较少，但AWS

的营业利润占亚马逊营业利润总量的50%以上，这就说明AWS对亚马逊来说是多么重要和核心的业务。此外，从2013年开始，AWS业务的年增长率也在大幅上升。在杰夫·贝索斯之后，继任亚马逊集团首席执行官的安迪·贾西（Andy Jassy）就来自AWS，可见亚马逊对云服务器业务的重视程度有多高。

我们之前也简单提到了云服务器，事实上云服务器的重要性正在变得越来越大。云服务器使元宇宙能够存储所需数据并实时沟通，它与6G网络将成为未来所有产业的核心技术，相应地，云服务器市场也越来越大。有专家表示，2019年云服务器市场的规模约为2 400亿美元，每年增长率为15%以上，预计2024年云服务器世界市场规模将超过5 000亿美元。

随着云服务器越来越重要，亚马逊的AWS以35%的份额位居市场第一，但不能高枕无忧，因为微软的Azure正紧追其后。

微软在2010年首次发布云服务器服务，比亚马逊晚4年，在技术实力一天天变化的尖端产业中，4年的差距必然是巨大的。但微软这只"恐龙"果然不一样，或许是为了弥补智能手机革命时期晚了一步的遗憾，微软赌上一切，全身心投入云服务中。事实上，当时微软的计算机硬件市场暮气沉沉，野心勃勃地准备收购诺基亚的事业也几乎宣告失败，企业前途未卜。

因此，微软的管理层背水一战，专心致志地埋头于未来出路以及新项目的开发，微软开始致力于在云服务器上构建必要的系统。这时，他们凭借此前积累的雄厚资金实力，一股脑地收购了安全、系统开发、AI等一系列相关企业，用于收购兼并的资金也相当可观。以1 000亿韩元收购安全创业公司为起点，用约8兆韩元的价格收购了深受开发者喜爱的开源共享平台"GigHub",投入约 31 兆韩元收购招聘、求职社交媒体领英（LinkedIn）。微软凭借雄厚的资金实力和现有的技术实力,将云服务 Azure 推到了行业第二的位置。目前,它的市场份额约为 20%,但增长速度每年高达 50% 至 60%,它正以惊人的速度追赶亚马逊。

谷歌的云服务器业务也呈爆炸式增长趋势,追赶的脚步在加快。或许是由于这个市场发展趋势,亚马逊为了避免错过将成为未来元宇宙基础设施的云服务器市场,奋不顾身地投入通信卫星的开发中。

这里值得关注的是,前面提到的亚马逊、谷歌和微软都用"未来"这个关键词去对待元宇宙产业,按照各自的方向加速开发。特斯拉同样用订阅经济来推进其无人驾驶服务,并宣布向服务性公司转化,这里所说的无人驾驶车内服务,跟之前我们在第 1 章的故事中看到的生命日志、镜像世界等元宇宙服务非常相似。特斯拉已经具备 AI、卫星等技术实力。

我认为,关于未来抢先布局元宇宙,基础设施才是主战场。另外,目前全球巨头级企业焦灼的卫星战争只是序幕。企业围绕云服务器和通信网络的活动将日益活跃,而主导这一市场的公司未来将掌握新的数字地球的基础设施。

韩国国内致力占据新时代基础设施的行动也很活跃,其中,三家移动通信公司的动向已有目共睹,为应对智能手机时代的日暮途穷,SK 电讯、KT、LG U+ 等三家公司正急于摆脱简单通信终端企业的形态,向云服务和 AI 领域转型。为开发无人驾驶汽车的内容服务,SK 电讯已建立了一家名为 Tampmobility 的公司,并将携手三星电子、Kakao 发布 AI 平台。同时,KT 和 SK 电讯也各自拓展了 AI、大数据、智能健身、数据业务等领域。

事实上，包括三家移动通信公司在内的各大韩国企业已意识到元宇宙的存在，为主导市场而纷纷采取行动，但与其他国家相比，感觉稍微迟缓了一些。韩国市场认识到元宇宙的存在，只是从现在才开始的，因此，希望企业和国家都更加大胆地进行投资和开发。

从现在开始，让我们来了解并分析与元宇宙的基础设施相关的企业，它们有怎样的契机，如何锤炼自己的技术。这样，读者也会产生审视元宇宙企业的眼光，有利于投资决策。

元宇宙 3D 引擎：描绘一切想象的颜料

此前，我们已经了解了元宇宙的硬件技术和相关企业，但元宇宙不仅仅是一个硬件世界。如果 Facebook 的 Oculus 和微软的 HoloLens 都是硬件平台，那么编程的解决方案就是 3D 引擎。现有 3D 引擎的使用主要集中于游戏市场，而提供 3D 渲染解决方案服务的主要公司则在游戏开发引擎基础上为 VR/AR 提供建模业务。

但是，正如我们前面介绍的，随着 3D 引擎在不同产业群中的活跃应用，3D 引擎企业正在迎来新的局面。现在，随着元宇宙技术在各个领域的应用，3D 引擎行业的整体走向正在发生改变。市场调研机构 Grandview Research 数据显示，美国 2025 年 3D 软件市场规模将达到 40 亿美元。

这样，在市场趋势好转、领域本身扩大的情况下，值得关注的企业引擎有两个：之前提到的 Unity 和 Epic Games 的"虚幻引擎"。目前市场实际上已出现寡头垄断的局面，两家企业的市场份额都很高。

Unity

Unity 软件（Unity Software，US）于 2020 年 9 月在纳斯达克证券交易所上市，是一家 3D 引擎平台公司，旨在创建和运营实时互动三维内容。提供的 3D 引擎主要用于开发移动游戏，是独立游戏开发商最常用的游戏引擎平台。

Unity的成功与智能手机的普及息息相关。事实上，到2000年初，智能手机供应还处于初期阶段，应用市场很小，因此游戏运行只能主要在台式机和控制台上进行。然而，随着苹果iPhone的推出，智能手机市场开始发展壮大，再加上Unity紧跟行业潮流，在其他企业专注于传统游戏市场时，开始研发针对智能手机、平板电脑等进行优化的游戏开发引擎软件。

到2020年，移动游戏市场的销售额达到772亿美元，且呈高速增长态势，约占全球游戏市场总收入（1 600亿美元）的48%。移动游戏市场的发展与Unity的发展一脉相传，Unity没有错过这个市场，从游戏开发引擎开始，Unity逐渐扩展了这一领域，最终成长为一个可以用于开发所有游戏的平台。在元宇宙产业兴起的时刻，除了游戏外，不同产业群也都需要3D引擎平台，企业的未来非常值得期待。

伴随市场的发展，Unity不仅提供游戏引擎解决方案，还为汽车制造、设计和建筑AR实施提供解决方案以及教育技术解决方案。Unity提供适合每个行业特性的最优解决方案软件而不是制式引擎，因此，极可能成为未来多个行业群体中的主供应商。

举个例子，Unity产品中的Unity MARS提供完全融入真实空间的智能型增强现实体验的服务。它使用编辑器提供的特定示例，轻松创建AR；还提供与AR内容相关的各种模拟工具，能自然地融入现实物理空间，与各类数据协同工作，深受众多企业的喜爱。因此，Unity MARS适用于车辆和建筑设计等多种行业，已经被用作多种AR程序的骨架。

目前，Unity正在利用模拟器开发AI解决方案。Unity解决方案的优势在于，AI 公司只专注于创建训练 AI 所需的功能，其余部分则交给 Unity 引擎。因此，它可以提高制造过程中的安全性，并尽可能减少人员在制造过程中的干预，从而提高产品质量，而且还可以减少开展和准备测试所需的时间和成本。凭借 Unity 的物理引擎和丰富的 AI 功能，企业可以完全控制制造车间的各个方面，从而提供前所未有的精准、卓越的 AI 解决方案。

现在，我们已经从技术方面了解了 Unity，下面将从财务方面来分析企业。仅从过去的财务报告来看，Unity 在财务上可能不是那么有吸引力，营业利润和净利润多年来持续为负，在美国纳斯达克交易所上市也不到一年，因此对于投资者来说，对公司估值并不容易。

市场调研评估机构 Standard & Poor's 对 Unity 的成长性评价很高，但认为其营利水平偏低。因此，关于未来的具体商务等企业价值情况，似乎需要重新评估。但从长远讲，它一定是个被需要的企业。毫无疑问，从长远看，游戏市场将持续增长，Unity 实时 3D 渲染平台在不同行业的应用也会增加。

带着这个想法，我们再来看一下 Unity 的销售额。根据 2020 年第三季度业绩报告，Unity 总销售额同比增长 53%，占销售比重最大的贷款利率解决方案业务部的收入同比增长率为 45%，而 Create 解决方案的收入同比增长率为 72%。我们所关注的部分是销售总利润（总销售额减去销售成本）率达到 80%（见图 6-1）。这就说明 Unity 的产品是高附加值行业，成本不高，具有财务优势。

营业利润虽然持续记录着亏损，但营业利润率损失幅度正在逐渐减少（见图 6-2），这一点令人鼓舞。从销售总利润的利润率角度来看，Unity 在 2021 年有望实现盈利。此外，目前 Unity 从客户那里产生的收入约占总销售额的70%，有的客户每年支出超过10万美元，这些客户的销售额呈逐渐增长的趋势，预计未来很快可以实现利润改善。

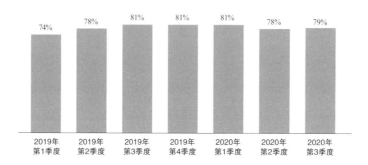

图 6-1　Unity 各季度销售额总利润（资料来源：Unity IR）

图 6-2　Unity 各季度营业利润（资料来源：Unity IR）

接下来，看看 Unity 的现金流，持续出现负增长。在现金流表中，"纯投资现金流"代表企业投资活动持有的现金金额，截至 2020 年 12 月约为 -5.7 亿美元，这是 Unity 收购多家 VR、AI 公司，为高速增长奠定基础的投入。因为 Unity 收购多家 VR、AI 公司，实际上是在为今后高速增长进行投资。在高速增长的公司财务报表中，出现投资活动现金流损失是自然现金流，可以用它抵销一定的运营活动现金，是稳定现金流的核心所在。从这个意义上讲,对期末现金流影响最大的经营活动现金流损失从约 9 000 万美元降至约 4 000 万美元,自由现金流(FCF)由 -1.2 亿美元降至约 -2 000 万美元,这可以视为一个利好的信号。

Epic Games

Epic Games 是和 Unity 平分秋色的企业,是提供 3D 引擎解决方案的具有代表性的平台公司。Epic Games 的虚幻引擎(Unreal Engine)是 Unity 最大的竞争对手。虚幻引擎为用户提供了游戏创作所需的开放源代码,是世界上最开放、最先进的实时 3D 创作平台。虚幻引擎具有完美的可扩展性和灵活性,为各行各业的创作者提供自由度高、最有创意的 3D 引擎,帮助他们开发最前沿的内容、交互体验和沉浸式虚拟世界(见图 6-3)。

图 6-3 使用虚幻引擎 5 呈现的图像画面(图片来源:Unreal)

虚幻引擎的最大优势是游戏引擎业务非常突出，是制作大片游戏的首选游戏引擎开发解决方案平台。驱动高性能游戏的控制台游戏机即索尼娱乐公司的 PlayStation，以及微软的 Xbox 平台游戏主要使用了虚幻引擎提供的游戏引擎。近日，Epic Games 发布的一款全新升级的"虚幻引擎5"（Unreal Engine 5）备受业界关注。这款新一代引擎的目标之一是将电影 CG 实现实时统一，具有高性能生产工具和内容库，适合任何规模的开发团队用于实际开发。Epic Games 与游戏机制造商、游戏开发商和发行商密切合作，希望利用虚幻引擎开发新一代游戏。

虚幻引擎5的优势在于其设计方式考虑到了与现有平台的兼容性。对于目前使用虚幻引擎4开发下一代游戏的开发商来说，在虚幻引擎5推出后，可以不费吹灰之力地对引擎进行修改。

虚幻引擎不仅仅能用于游戏开发，还为追求超高清分辨率、实时3D引擎实现技术的用户提供了一套完美的开发工具。它的用途极其广泛，几乎适用于包括建筑、汽车和运输、广播和实况演出宣传活动、电影和电视、训练和模拟等在内的所有领域。

即使在元宇宙的硬件技术即 XR 解决方案领域，虚幻引擎也是不可或缺的。上文提到的 Facebook 的 Oculus，以及微软的 HoloLens 等很多平台都采用虚幻引擎开发制作平台的骨架。

也许正是由于这种趋势，虚幻引擎在演出制作和广播环境中也发挥了巨大的作用（见图 6-4、图 6-5）。虚幻引擎的显示系统可以在任何分辨率下实时渲染内容，并将其输出到能量墙（Powerwall）、穹顶（Dome）、洞穴自动虚拟环境（CAVE，Cave Automatic VR Environment）和 LED 墙等多种显示屏上。

图 6-4　使用虚幻引擎的视频

图 6-5　在虚拟现实中进行的音乐会

除此之外，虚幻引擎还被应用于汽车行业显示器 HMI 的开发中，设计人员通过模拟器快速、反复地操作车辆设计，实现动态项目执行（见图 6-6）。目前，Epic Games 已经与包括美国通用汽车制造公司在内的众多移动设备企业开展合作。

了解了 Epic Games 的虚幻引擎后，我们肯定会发现一些令人诧异的地方，那是因为其目前的产业部门与前面提到的 Unity 很相似。事实上，两家企业均处于市场领先地位，这是其他 3D 引擎公司难以企及的。

图 6-6 虚幻引擎被用于汽车设计（图片来源：Unreal）

当然，两家企业之间也有属性上的差异。Unity 的优势在于提供相对容易操作的软件解决方案，与虚幻引擎不同，即使不具备专业知识，用户也可以轻松开发软件。因此，在高速发展的移动游戏市场中，Unity 引擎被认为比虚幻引擎更具竞争力，在 AR/VR 硬件市场也具有极高的通用性，好评如潮。

但是，在要求高性能游戏和超高清晰度 3D 渲染引擎的行业领域，虚幻引擎得到了用户的大力支持。当然，与使用 Unity 解决方案相比，虚幻引擎需要使用 C++ 语言开发软件，除非是专业人士，否则根本无法操作。因此，虚幻引擎的主要客户往往是大型游戏公司，可以理解为市场上能见到的大型游戏都是经过虚幻引擎打磨的。要想提升作品的水平，通常会选择虚幻引擎。

目前，Unity 的实用性使其所占市场份额略高，那是因为移动游戏市场在整个游戏市场中仍占很大比重。从现在开始才是关键，对它们来说，未来面向元宇宙的游戏转型非常重要。随着元宇宙平台成为现实，现有市场领域将会萎缩，未来元宇宙内容将采用何种级别的图像，将决定二者的成败。

虽然虚幻引擎和Unity引擎所打造的软件解决方案的方向和价值稍有不同，但根据消费者的需求和应用，从整体看，它们只能朝着相同的方向前进，那就是元宇宙。可以肯定的是，一段时间内，在3D引擎市场很难出现超越这两家的企业。因此，如何打造并推动包括游戏在内的多种行业领域发展，以及其与元宇宙的切入点，是这两家企业所创造的生态系统面向未来的发展方向，这是毫无异议的。

连接现实与虚拟

到目前为止,我们已经了解了元宇宙世界所需的硬件、软件等各方面市场,但还是感觉有点空荡荡的。到底缺了什么呢?答案是:用于处理构建各种产业骨架所需数据的技术以及产业。在元宇宙,不管哪个领域都会产生大量的信息,因此处理大数据的技术至关重要。事实上,不仅元宇宙如此,当前的第四产业同样需要技术。

在现代社会,数据(Data)是最重要的数字原材料,也是第四次工业革命的必备营养素。如何拥有更多的数据,如何加工和利用这些数据,是推动行业发展的关键。因此,如何处理数据变得越来越重要。

事实上,在平台上收集的未经加工的数据本身只占用了服务器的空间,对行业没有多大意义。但是,利用分析技术加工这些原始数据,就成了整个行业的宝贵资料和具有较高经济附加值的资产。据IDC市场调研机构数据显示,在互联网平台产生的数据中,企业采集的数据约占总量的56%,剩余约43%的数据未被采用甚至消失,没有带来经济附加值。资料显示,在创建、捕获和复制数字化内容的过程中产生的所有数据叫作数据库(Datasphere)。预计到2025年,数据库将增长到175泽字节。这个数字相当于192万亿GB(千兆字节)的数据量,与2021年相比增长了大约两倍(见图6-7)。

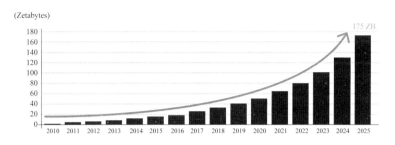

图 6-7　2010–2025 年度全球数据库（资料来源：IDC）

在现代社会，随着 SNS、YouTube、Netflix 等视频内容的消费增加，以及物联网（IoT）、电动汽车、5G 和正在兴起的元宇宙产业等带来的第四次工业革命的兴起，数据使用量呈快速增长趋势。当然，加工和处理数据的市场价值也在迅速上升。据预测，2019 年至 2025 年，全球数据库市场的年均增长率预计为 26%。

纵观数据和云计算软件相关的企业中，有一家名为"Salesforce, CRM US"的公司。该企业于 2020 年挤掉全球综合能源企业埃克森美孚公司（Exxon Mobil），被编入 30 家在美国拥有悠久历史和传统的代表性项目企业的道琼斯工业平均指数，由此可见，在股票市场上，软件市场的影响力也越来越大。

如此看来，在美国国内的行业中，过去 10 年间表现出最强劲势头的就是软件行业。软件行业在计算技术行业最发达的美国一直高速增长，道琼斯软件行业指数在过去 10 年上涨了约 8 倍，简直就是最受益于第四次工业革命的行业（见图 6-8）。其中，云计算成为大势所趋，在软件行业指数中，市值总量排名靠前的公有云相关企业正在成为这个行业的中心。

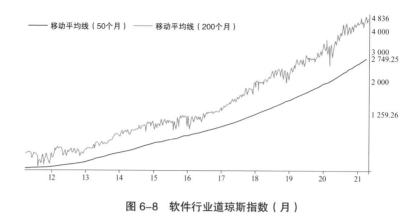

图 6-8　软件行业道琼斯指数（月）

2021年的情况也差不多，预计在未来相当长的时间里，这种趋势会继续下去。软件市场占比最大的行业就是云服务器系统，关于云服务器系统的定义，已经在前面详细阐述过，这里不再赘述。现在，我们来了解一下云服务器系统的种类、优点和未来发展方向。

云服务器主要有两个系统。一是私有云（Private Cloud）。私有云不与其他企业共享，而是只面向一个用户的云服务系统，是安全性较高的企业使用的方式。

与私有云相反，公有云（Public Cloud）服务则是云服务器提供商向许多非特定企业或个人提供的服务器。这种公有云又分为三种类型：软件即服务（SaaS）、平台即服务（PaaS）和基础设施即服务（IaaS）。

SaaS是指通过互联网借用软件，无须将其安装，可直接在云环境中运行的应用服务。比如电子邮件。使用电子邮件，无须另行下载软件。这种SaaS模型的优势在于，只要支付费用，即可随时随地使用。典型的服务包括Microsoft Office，以及我们之前提到的客户关系管理平台（Salesforce）的解决方案。

PaaS 是一种平台云服务，主要用于开发软件。由于开发人员只使用他们需要的工具和环境，因此费用成本较低。当然，也存在明显的缺点。这种 PaaS 模型需要借助必要的平台来开发软件，很可能对平台有依附性。例如，当使用 PaaS 的代表性模式 Google 的"应用引擎"（App Engine）创建 App 时，也需要使用它进行后期处理，包括更新和修复。

IaaS 是借用数据中心资源（如服务器和存储库）的服务。IaaS 的典型案例就是利用亚马逊 AWS 服务的 Netflix。Netflix 不会构建自己的数据中心，而是利用亚马逊的 AWS 向消费者提供其内容和服务。为什么要使用这些 IaaS？因为通常进入数据中心的设备和网络是不容小觑的。构建数据中心通常需要足球场大小的土地，需要 24 小时管理和运行，并且需要防护装置和安保设施，成本投入很高。而使用 IaaS 用户只需向提供商处提供所需服务的数量，付费即可获得服务，而提供商则利用他们的数据中心来赚取利润。

我们通常使用的云服务就是公有云服务（见图 6-9）。那么，公有云服务的优势是什么，为什么在很多领域都备受青睐？

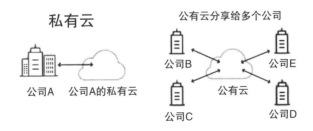

图 6-9 私有云与公有云

第一个优点是降低成本。企业可以使用公有云来降低 IT 运营成本，将 IT 运营交给能够更高效地处理 IT 的专业公司，企业只选择使用它们需要的 IT 资源。这样，供应商获得利润，消费者可以降低成本。

第二个优点是服务器管理的效率问题。如上所述，运行服务器需要各种设备和系统，建立数据中心时，即使先不考虑土地的问题，用于雇用管理人员的成本和时间也相当昂贵。如果使用公有云服务，只需付费即可。

第三个优点是安保问题。事实上，只有大企业能够有效地管理之前提到的服务器，即使增加人手也不会有负担，但中小企业却做不到。此外，更重要的是，大部分中小型企业在安保方面往往难以投入太多，如果因为安保措施不足，导致努力打造的技术和服务荡然无存岂不可惜。如果能够信任并依赖大型企业的云服务，那么就能减轻这些负担。因此，在 IT 行业，安保是一个重要问题。运营 Azure 的微软，曾经一度只要遇到合适的安保相关公司就会收购。

事实上，这些优势都与三种云服务模型相对应。在这三款模型中，近期成为这些公有云企业最核心的服务就是 IaaS。相比自己购买和搭建物理服务器及其他数据中心基础架构，使用 IaaS 可以降低用户的投入成本，避免经营管理的风险。

亚马逊的 AWS、微软的 Azure 和云计算服务就是典型的 IaaS 案例。当然，作为全球巨头企业，它们不仅运营 IaaS 服务，用户使用它们的 IaaS 模型也是不争的事实。这些具有代表性的公司之所以成为世界上首屈一指的公司，也得益于它们在数据中心建设方面的投入以及未来管理系统部署的规模。

最近，微软首次通过元宇宙公开了其数据中心内部建设情况（见图 6-10），当然，最高级别的安保是必需的，我们无从知晓数据中心的确切位置，但微软在其云服务 Azure 上新建了一个虚拟数据中心，并向媒体公开。亚马逊虽然没有公开自己的数据中心，但据说目前位居全球之首。

图 6-10　微软公开的虚拟数据中心内部场景（图片来源：微软）

这两家企业有一个共同点：都是技术最强大的美国企业。随着互联网的普及，数据中心如彗星般横空出世，更是让美国迎来了大变革。

运营这些数据中心的云相关企业将客户服务器的数据全部整合，提供数据仓库、数据科学和数据交换等服务，为客户解体"数据竖井"，使不同类型的数据分析成为可能。所谓数据竖井，在业务效率层面，是指以组织为单位构建自己的 IT 基础架构解决方案，可以理解为竖了一堵墙。未来，数据与云行业仍将是高速增长下有望受益的板块。关键是各大云公司将大型 IT 供应商作为客户，在价格竞争力（存储与数据处理分离）和多云环境中创造有利的商业环境。如果你是相关投资者，你还需要关注云行业相关企业和 ETF 投资资产（见表 6-1）。

表 6-1 云产业相关企业及 ETF（资料来源：未来资产大宇公司）

项目	企业名称	股票代码
ETF	Shares Expanded Tech	IGV US
	Pure Funds ISE Cyber Security	HACK US
	SPDR S&P 软件&服务	XSW US
	Vanguard Infomation Technology	VGT US
	First Trust Cloud Computing	SKYY US
	Global X Cloud Computing ETF	CLOU US
	Global X China Cloud Computing ETF	9826 HK
	Invesco Dynamic Media ETF	PBS US
IaaS	微软	MSFT US
	甲骨文	ORCL US
	亚马逊网站	AMZN US
	阿里巴巴集团控股	BABA US
	字母表	GOOGL US
SaaS: CRM, ERP	Sales force.com	CRM US
	ServiceNow	NOW US
	SAP	SAP US
	HubSpot	HUBS US
	Zendesk	ZEN US
	Shopify	SHOP US
	ZoomInfo	ZI US
	Intuit	INTU US
	Paycom	PAYC US
	PagerDuty	PG US
SaaS: 通信	ZOOM视频	ZM US
	BOX	BOX US
	drop box	DBX US
	Atlassian	TEAM US
	RingCentral	RNG US
	Abaya	AVYA US

数据中心行业突然受到爆炸性的关注，关键在于随着其快速的发展，有新产业也将随之崛起，那就是数据中心房地产投资信托基金（Real Estate Investment Trusts，REITs），这是建造和维护数据中心的行业。"REITs"是指从投资者那里筹集资金，将投资房地产或房地产相关资本、权益产生的收益重新分配给投资者的房地产投资信托，相当于共同购买房地产。与其他行业相比，年股息收益率（平均股息收益率约为3.6%）较高，股价上涨后，还可以谋取差价，是一个优势明显的投资板块。

2016年，道琼斯指数和MSCI把证券市场中占有一定规模的REITs项目和其他上市房地产公司从金融行业划入房地产行业。结果，在过去25年间上市的美国REITs市值规模从约90亿美元增长至目前的1.28万亿美元以上。在证券市场中，房地产是11个行业中的第十大行业，其中REITs约占房地产行业市值的97%，具有压倒性的份额（见图6-11）。

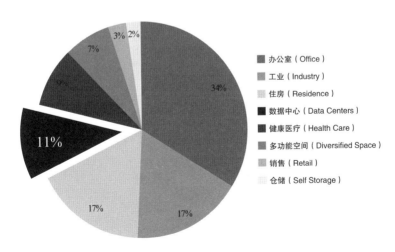

图6-11 美国REITs各领域市值比例（资料来源：大信证券）

其中，数据中心REITs占美国REITs项目市值的11%（截至2020年第四季度），是指通过数据中心租赁、客户数据存储空间和相关服务、虚拟存储空间和服务器/硬件管理服务获得租赁收入的结构统称。

如果用一个关键词来形容2020年新冠肺炎疫情对各行业的影响，那就是"非接触（Untact）"。在此期间，人们逗留在私人空间的时间越来越多，因此玩游戏的时间也越来越长，而作为最接近元宇宙世界的游戏，Roblox每天的平均使用时间以及游戏内每月的消费金额都有所增加，这在前面已经提到过。因此，新冠肺炎疫情使非接触相关行业进入高速成长轨道，起到了催化剂的作用，随之而来的是，有更多的数字数据需要处理。毋庸置疑，从中长期看，行业的变化带来了需求的增长，正在成长的数据中心REITs板块必须应对如此巨大的扩张，从而取得长足发展（见图6-12）。

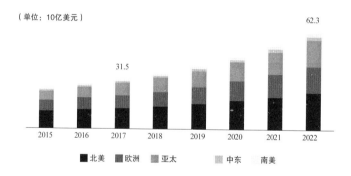

图6-12　各地区数据中心市场规模（资料来源：Marketsandmarkets）

事实上，数据中心的长期发展势头在新冠肺炎疫情暴发之前已经显现。根据市场调研机构的预测，联合市场规模将从2017年的315亿美元增长到2022年的623亿美元，年均增长14.6%。在市场规模的增长和利润增长成为核心基本面，市场有望取得持续增长的情况下，从某种意义上说，新冠肺炎疫情确实就是催化剂。

按照行业划分，数据中心联合市场涉及多个行业，包括银行、金融服务和保险（BFSI）、IT和通信、媒体和娱乐、运输和物流、政府和国防信息安全等产业群。需求如此之大，但不是任何公司都能满足这个需求。数据中心建筑行业是一个进入门槛很高的行业，因为超高价的IT设备采购使得初期所需的成本相当高，还需要具备技术硬件基础设施等。市场的需求比进入市场公司的数量要多，这也表明联合合作行业的前景一片光明。

高门槛的要求使得拥有技术的数据中心REITs公司必须要有一定的经济基础才能进入市场。建立在资产基础上的销售不叫租赁销售，叫作IT服务，即相互关联销售。目前，互联互通销售增长率在20%到30%之间的领先企业开始登上历史舞台。伴随着云服务器使用量的增加，IT基础设施服务外包、5G、AI、建立在虚拟和增强现实即VR/AR基础上的XR媒体娱乐等诸多领域持续发展，加速了对数据存储的需求。由于数据中心具有明显抢占平台的属性，目前领先的数据中心REITs公司未来很可能继续维持或进一步扩大市场份额。因此，与IT公司相似，这些公司的价值得到了更高的资产评估，Equinix和Digital Realty就是典型的数据中心REITs企业。

Equinix

Equinix是数据中心REITs企业中市值最大的公司，市值约为71万亿韩元。Equinix的企业客户阵容也可谓壮观，包括谷歌、微软、亚马逊、阿里巴巴、Salesforce、甲骨文等世界知名的大型IT公司。

> **调整后运营资金（AFFO）**
>
> 含有REITs产业独有特性的指标，Adjusted FFO的缩写。让我们先来了解一下FFO，FFO能体现Reits相关项目是否真正盈利，还是在创造现金的指标，公式如下：
>
> FFO=净利润＋房地产折旧－房地产销售差额
>
> AFFO是为掌握比FFO准确的运营资金，将日常使用的租金收益、资本支出、维护费用等项目相加的指标，是可以掌握Reits实际项目运营资金的指标。
>
> AFFO=FFO＋租金涨幅－其他支出费用（资本支出、维护费用等）

2020年第四季度，全球共有227个数据中心，企业级客户超过1万个。数据中心遍布全球，包括美洲、亚太、欧洲和中东，其中美国占比最多，为46%。在韩国国内，Naver作为商务平台也在使用Equinix的数据中心。

Equinix是互联互通服务领域最强的运营商，同时，Equinix将各种基础设施和自有平台内超过1 600个商务相互连接，称之为"生态系统"。客户进入系统，找到适合他们的合作伙伴或服务提供商，彼此共享信息或谋求与其他数据中心建立连接，从而获得各种互联互通服务，这种环境就叫作"生态系统"。由于数据中心很难独自运营，而且更换数据中心可能无法继续开展此前的协作项目等因素，因此一旦进入"生态系统"，现有客户就不会解除合约，退出Equinix，这使Equinix具备了强大的市场竞争力。因此，运营数据中心的后起之秀试图牵制和对标Equinix强大的"生态系统"。

进一步分析Equinix的业务结构，数据中心业务类别中的联合业务占比约为74%。Equinix公司公布的2020年第四季度营业额为15.6亿美元，与上一季度相比增长3%，较上年同季度增长10%（见图6-13），实现销售额连续72个季度增长。2020年结算销售额约为60亿美元，同比增长8%。可能是企业状况良好（见图6-14），股息也还不错，2020年第四季度每股股息为2.87美元，2020年全年每股累计股息为10.85美元，超过2019年股息（9.84美元）和市场预期（10.64美元）。以这种增长为基础，目前被评估为约70兆韩元的企业。

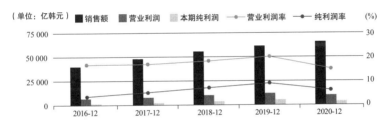

图6-13　Equinix利润指标（资料来源：FnGuide）

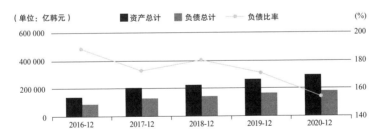

图6-14　Equinix资产及负债现状（资料来源：FnGuide）

此外，Equinix正在积极着手并购投资策略，以期获得新的增长动力。值得注意的是，2020年，由于持续并购投入的增加，Equinix全年营业额同比减少了约10%。2020年1月，完成了2009年末开始的对墨西哥数据中心的收购，并于同月宣布收购计算机裸机自动化生产平台公司"Packet"，最后以 3.35 亿美元完成并购。6 月，以 7.5 亿美元收购了加拿大三大电信运营商之一"Bell Canada"的 13 个联合数据中心。8 月，以约 1.6 亿美元收购"GPX Global Systems"的印度业务，该业务有望成为进军印度数据中心市场的关键角色，进一步扩大了版图。在收购 Packet 的基础上，2020 年 10 月推出"Equinix Metal"，以全自动化和相互关联的裸机云服务方式，搭建数字公司基础设施，使其可以在 Equinix 平台上使用云软件。

得益于如此强势的扩张，Equinix 在 2021 年的预期销售额为 66 亿美元，同比增长 10%，股息为每股 11.48 美元（以年度为标准），增长 8%。Equinix 在 2020 年大力实施并购，奠定了新的增长基础，2021 年利润增长情况更值得期待。作为 REITs 的价值评估指标，"调整后运营资金"（AFFO）是计算其运营利润（租金价值）的指标，Equinix 租赁数据中心 RIZ 也体现了其公司价值，Equinix 2021 年的 AFFO 增长预期值是 9% 至 11%。如此多样化的指标和势头指出了 Equinix 的增长趋势，我认为这是个值得关注的元宇宙相关企业。

Digital Realty

Digital Realty 是一家全球性数据中心 REITs 公司，成立于 2004 年，在全球 24 个国家和地区运营 276 个数据中心，拥有 2 000 多家客户企业（见表 6-2）。在市值总量方面，虽然略低于 Equinix，但运营的数据中心数量全球第一。主要客户是在 VR 硬件平台方面处于领先地位的 Facebook、IBM、Oracle、Verizon 和 Uber 等，平均每年租金上涨率为 2% 至 4%。市值约为 48 兆韩元，来自全球 ICT 财富选定的软件科技公司和 14 家公司客户的收入占总收入的 48.8%。

公司 2/3 的收入来源于 B2B 业务，为了突破 B2B 目标域业务的限制，2015 年收购 "Telx"，2017 年收购 "DFT"，2018 年收购 "Ascenty"，到 2020 年收购了全球第八大数据中心运营商 "Interxion"，企业迅速发展壮大。

表 6-2　Digital Reality TOP 20 客户表（资料来源：Digital Realty）

客户顺序	分公司数量	% of ARR
1. Fortune 50 Software Company	53	9.5
2. IBM	40	4.7
3. Facebook	36	4.3
4. 甲骨文	29	2.9
5. Equinix	26	2.8
6. Fortune 25 Investment Grade-Rated Company	25	2.5
7. Global Cloud SaaS Provider	48	2.3
8. LinkedIn	8	2.1
9. Cyxtera	17	2
10. Fortune 500 SaaS Provider	13	1.9
11. Rackspace	19	1.9
12. CenturyLink	129	1.8
13. Fortune 25 Tech Company	36	1.7
14. Social Content Platform	8	1.6
15. Verizon	101	1.4
16. Comcast	27	1.2
17. AT&T	71	1.1
18. DXC 科技	19	1.1
19. J. P. Morgan	16	1.1
20. Zayo	117	1
全部客户中 TOP 20 客户所占比重		48.9

企业销售额稳步上升，2020年第四季度的业绩为10.6亿美元，较上一季度增长4%，与2019年同期相比增长35%（见图6-15、图6-16）。调整EBITDA（未计利息、税项、折旧及摊销前的利润）达到5.8亿美元，同比增长22%，增幅均超过市场预期。该公司的分红财源每股"Core FFO"为1.61美元，同样超过市场预期1.53美元的5%左右。2005年至2021年，股息增长率达到10%左右，股息收益率达到3%至3.5%（取决于股票的波动），可以说这是一个具有高股息投资吸引力的项目。

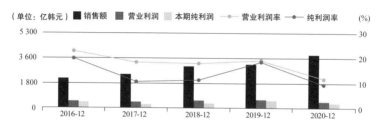

图6-15　Digital Reality利润指标（资料来源：FnGuide）

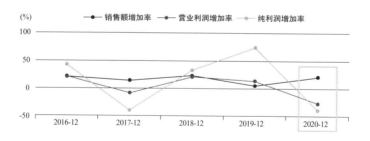

图6-16　Digital Reality利润成长性指标（资料来源：FnGuide）

始终保持增长势头的Digital Realty，预计2021年的销售额同比增长10%，每股"Core FFO"数值同比增长4%，这是根据现有市场预期推算出来的最高水平。关于资本支出（CAPEX）的情况，预测值的中间价接近市场预期，目前股价是Core FFO的20倍，保持行业平均水平。尽管2021年收入预计实现两位数的增幅，但每股股息额仍呈一位数增长，原因在于受到2020年3月收购欧洲数据中心运营公司Interxion时的增资和其他投资影响。

大数据市场调研机构IDC预测，到2024年，大数据行业占比最大的类别就是娱乐领域。值得强调的是，以VR/AR为主的元宇宙属于媒体娱乐。作为未来数字产业革命的支柱，元宇宙产业将迅速走向大众，原因是大众在虚拟现实世界中停留的时间不断增加，以及相关硬件和软件平台的销售和使用增加。

当然，元宇宙世界需要基础设施来支撑。即使虚拟现实所实现的世界最大限度地反映了现实世界，当中创造的世界却是由"0"和"1"产生的海量数据洪流构成。如果需要分析和可视化数据来实现虚拟现实，那么数据中心将不再仅仅是一个数据中枢。需要注意的是，数据处理技术将超越物理数据中心空间，成为元宇宙平台与现实的桥梁。

与元宇宙同行：半导体产业超级周期

最后要了解的基础设施是半导体。半导体是推动电子技术爆发式发展的核心材料。半导体作为元宇宙中的重要且关键的材料，被广泛应用于 AI、VR 等，对于绘制化身的图像处理部件来说，半导体是必不可少的。事实上，在最新型的技术中似乎很难找到半导体的踪迹，但它却是各种技术的基础，即使在元宇宙上，半导体也被用作最基本的基础设施。

想要了解半导体在现代社会中的力量，我们有必要先来看看当前美国和中国之间的贸易战。

中美贸易争端发生在中国与试图维护霸权的美国之间，是一场没有硝烟的战争。过去，包括 20 世纪 50 年代的苏联、20 世纪 80 年代至 90 年代的德国，以及日本等国家，都曾试图挑战美国的霸权地位，但都

> **广场协议**
>
> 1985 年，由法国、德国、日本、美国和英国组成的 G5 财政部长在美国的广场饭店签署的协议。主要内容是诱导日元和德国的马克升值，以纠正通用货币美元的强势现象。
>
> 当时，日本正面临包括家用电器在内的各种制造领域日元疲软现象，需要开拓国际市场。广场协议后日元升值，出口优势消失，为稳定物价，下调基准利率。此后，日本遭受泡沫破灭等打击，直到 21 世纪初期，经济长期处于低迷的状态。

未超过美国 GDP 的 70%，最终在全球霸权战争中败下阵来。20 世纪 80 年代，围绕美元和日元价值而达成的"广场协议"（Plaza Accord），是个轰动一时的故事。当然，关于这项协议，有很多阴谋论和不同的见解，但当初围绕这项协议发生的事实却是清清楚楚的。之后，日元贬值，日本经历了"失去的 20 年"，能挑战美国霸权的国家销声匿迹了。

而 21 世纪以来，情况发生了一些变化，中美之间的经济差距逐渐缩小（见图 6-17）。2020 年，中国 GDP 规模已超过美国 GDP 的 73%。美国是技术强国，中国是经济快速增长的大国，在这两个国家之间的竞争中，有个叫作半导体的小型芯片。

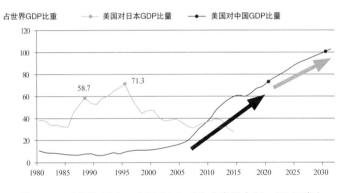

图 6-17　美国与日本、中国 GDP 对比（资料来源：SK 证券）

目前，半导体产业在中美贸易争端中扮演着强大武器的角色。半导体制造集中在亚洲，但半导体产业的整体技术源头在美国，美国掌握技术的源头，正在对中国半导体行业的发展实施严厉的制裁。

在半导体制造过程中，应用精细工艺的 EUV 制造公司即 ASML 利用极紫外线生产半导体设备——光刻机，在该领域处于垄断地位（见图 6-18），号称"经济护城河"。公司总部位于荷兰，但核心技术是美国拥有的，美国甚至限制中国最大的半导体代工企业中芯国际购买设备。这只是半导体技术用于政治和经济领域维护霸权的一个例子，由此可见，半导体产业在中美贸易纠纷中可以说是占有绝对的比重。

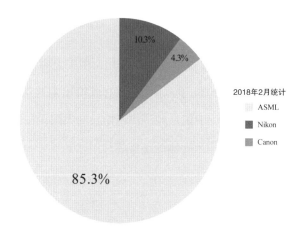

图6-18　全球光刻机装备市场占有率（资料来源：科技世界）

光刻机的出口限制，阻止的不仅是一个企业产品，如果这些技术和产品无法进入精细工艺流程，那么从长远角度看，将无法实现高端半导体制造。也就是说，国家半导体技术开发会遭受很大的技术和时间层面损失，如果半导体等高科技技术落后，那么技术的效用性就会下降，国家产业也会面临巨大损失。

美国想利用半导体牵制中国的意图，体现在诸多领域。即使对中美贸易纠纷不感兴趣的人，都在媒体上听说过"华为"。华为是中国企业，也是全球通信设备第一大厂商。或许是因为这个，美国选择了华为作为牵制中国的武器。此前，华为公司一直委托半导体制造商TSMC（台积电）生产其智能手机上的半导体芯片，后来，美国施压，台积电停止了与华为的半导体委托生产交易。

与此同时,美国为了坚守在半导体领域的霸权地位,加大投资力度。美国参议院提出了一项法案,要求政府强化在半导体等尖端技术领域的投资,未来5年内投资规模将达1 000亿美元,其中半导体相关领域投资规模高达250亿美元,占总投资额的25%。这笔资金将用于投资多个半导体领域。为了拓展美国在亚洲地区半导体制造行业的霸权地位,发布了"美国芯片制造厂法案"(American Foundries Act),将投资250亿美元用于扩充半导体芯片制造设备和核心生产技术R&D研发。

现在,半导体产业已不仅是企业在未来的生存之本,更是决定国力的国家产业,是未来人类创造更先进技术的不可或缺的产业。从计算机到智能手机正在形成更大规模的市场,随着AI、5G(通信技术)、数据中心、物联网、无人驾驶汽车和网络服务器等的发展,高性能半导体的需求将日益增长。

半导体的重要性在元宇宙上也很突出。元宇宙也是一种数字产业,其技术基础是以建立数字地球所需的数字语言为基础的行业。但是,即使使用数字语言创造出好的运算法则,如果没有电子学产品来处理数字语言,项目还会成功吗?因此,必须具备以高技术处理数字语言的半导体基础设施。

图像处理设备GPU作为半导体的重要部件,就如同描绘元宇宙世界的画笔,因此半导体与元宇宙是密不可分的。对元宇宙来说,视觉信息很重要。

现在,我们来了解一下目前市场上哪些公司主导着GPU领域,并分析一下这些企业的未来。在设计半导体领域,制造GPU的公司中,英伟达（NVDA US）和 AMD（AMD US）是当之无愧的优秀企业。在元宇宙的虚拟数字世界中，实现 3D 图像是必需的，这两家大公司能生产服务器处理器，用来维持元宇宙相关平台（包括游戏）中数以亿计用户的数据，它们必将成为未来元宇宙世界中备受瞩目的企业。

英伟达

我们先来分析一下英伟达，英伟达内部分为数据中心、网游、专业设计和无人驾驶四个核心业务部门，它们都是通过交付 GPU 获得的大部分销售额（见图 6-19）。到 2021 年 2 月，数据中心收入（占比 45%）超过了游戏业务部的收入，英伟达迎来了新的局面。以往，传统游戏领域在企业布局中占有非常高的比重，但现在企业已经具备了从两方面拓展公司生产的动力。目前，英伟达的增长动力主要集中在数据中心和游戏上。由于这两个技术领域都与元宇宙有着深度关联，

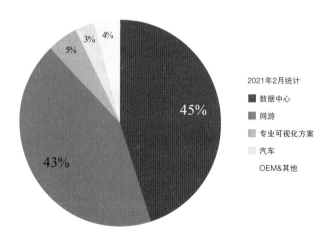

图 6-19　英伟达各部门销售比量（资料来源：新韩金融投资）

因此，如果未来元宇宙相关平台运营商能够顺应市场主流趋势，那么英伟达将成为受益的企业之一。这些变化都是随着英伟达收购高性能网络技术公司"Mellanox"后，数据中心收入比重增加而产生的。

近来，在关于英伟达的话题中，有关并购的话题是最热门的。2020年9月，英伟达宣布收购英国半导体企业ARM。ARM是一家专业从事半导体设计的企业，拥有各种软硬件的授权企业。英伟达想要收购ARM的原因很简单，但要知道具体原因，首先得讲讲关于云服务器的故事。

云服务器系统到目前为止都使用中央集中式服务器，这虽然有很多好处，但将敏感信息（如个人信息）存储在提供云服务器的企业服务器上本身就是一种风险行为。因此，所谓的"边缘计算"去中心化云技术最近备受追捧。为了应对边缘计算时代的到来，英伟达也采取多种方法，做了一系列准备，包括构建数据中心平台、引入加速服务器等。

收购ARM，可谓锦上添花。目前，英伟达拥有具有代表性的边缘平台包括Jetson、Isacc、Drive、Clara和Metropolice，这些平台都是基于ARM架构构建的。英伟达对ARM的收购，相当于拥有了覆盖其平台的设计技术。英伟达拥有强大的GPU和服务器硬件，这方面的销售一直遥遥领先，再加上提供AI解决方案和平台服务，正在迅速成为软件优势企业。

当然，英伟达收购ARM还存在许多障碍，包括取得监管机构和同行业运营商的同意等，收购能否成功尚不确定，但收购后可以强化其下一代平台，并与基于ARM的数据中心平台连接，必将为英伟达的成长带来强劲的新动力。

此外，之前我们已经了解到，英伟达首席执行官黄仁勋对元宇宙很感兴趣。作为英伟达的 GPU 平台，RTX 系列与 Roblox 一起被用作沙盒游戏两大顶级企业微软的游戏引擎。黄仁勋表示，关注元宇宙，不是在耍嘴皮子，而是认为这是可以提高公司销售额的产业。

现在，从投资角度来分析一下英伟达。首先，英伟达公司的销售有望达到 20%—30% 的年均增长率（CAGR），营业利润率和净利润率将分别保持在 40% 和 20% 左右（见图 6-20）。

特别是由于利润率很高，FCF（自由现金流）很可能达到 70 亿—80 亿美元。此外，它的 ROE（净资产收益率）也很高，保持在 30%—40%。英伟达公司的财务表现非常稳定。

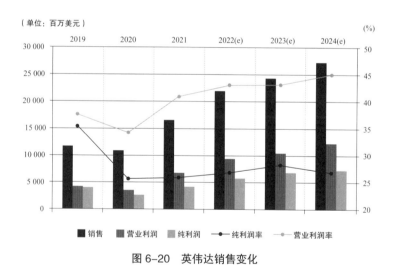

图 6-20 英伟达销售变化

一个公司的财务稳定性、成长性和盈利能力很快会被反映为股价，英伟达公司的股价走势如图 6-21。从英伟达的股价和其全球通用性较高的系列产品来看，在提及元宇宙时，不能漏掉英伟达。

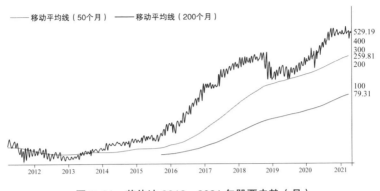

图 6-21 英伟达 2012—2021 年股票走势（月）

AMD

前几年，AMD 还是继英特尔之后世界排名"千年老二"的企业，自从将工程师出身的苏姿丰（Lisa Su）任命为 CEO 后，企业也开始转型调整，现在，AMD 已转型为一家具有核心技术竞争力的企业。当然，市场份额还远远不及英特尔和英伟达，但技术上是英特尔在 CPU 方面的最大竞争对手，在 GPU 领域则紧追英伟达。在销售方面，CPU 和 GPU 销售约占总销售额的 70%，主要面向企业提供专业计算类产品系列，剩下 30% 的合作对象为设计类半导体公司。

AMD 主要产品系列包括 CPU&APU 平台 Ryzen（锐龙）系列、GPU 平台 Radeon（镭龙™）系列、应用于数据中心的服务器 CPU 和 GPU 平台 Epyc 和 Instinct 系列。尤其是可以搭载与元宇宙发展相关的网游产业和增强现实设备的高性能 CPU 和 GPU，将推动 AMD 与英伟达一起引领市场发展。同时，AMD 数据处理半导体芯片产品中的 AWS、Azure、谷歌云等，都进入了全球最常用的云服务器平台，也就是说，未来大型科技公司在数据中心的建立方面，最有可能受益的公司是AMD。

此外，AMD还拥有针对3D渲染技术进行优化的半导体技术，这是元宇宙行业中的关键技术之一。作为AMD的3D建模和动画的首选，"锐龙PRO处理器"系列在性能方面超越了英特尔"Xeon 8280"，深受业内好评。据称，这个产品使它能够执行目前发布的产品中难度最大的设计项目。

近年来，AMD最新GPU之一"Radeon RX 6700 XT"初始备货量不足的情况逐年加剧，不仅AMD面临这样的问题。当半导体超级周期出现时，制造商们将面临供应不足的困扰。由于新冠肺炎疫情暴发，计算机市场迎来再增长，大型科技公司扩建数据中心、开采加密货币等产生了大量的对高性能GPU需求，加上汽车电装产业中高科技技术的需求增加等因素叠加在一起，导致半导体产业成为数字基础设施的核心。

现在，我们来看看AMD的财务指标。在2020年下半年，AMD的自营销售增长超过30%，在同类企业中最高。AMD的增长势头在2021年也很惊人。专家认为，AMD 2021年的自营销售增长率预期在20%以上，随着新款主机游戏的推出，AMD的投资魅力值也在上升。尤其令人鼓舞的是，在销售额占比较大的计算机和电子游戏市场，也产生了需求增长趋势。

竞争对手英特尔在开发7纳米及以下新制程工艺方面遭遇困境，而AMD却在召开新品开发说明会。此外，全球半导体制造商台积电将AMD列为仅次于苹果的大客户，因此在芯片交付和产出率上也不存在重大不利因素。

前面，我们了解了英伟达想要收购半导体设计公司 ARM 的情况，AMD 也计划收购赛灵思（Xilinx），该公司是可编程设计半导体（FPGA）行业中的佼佼者。这一举措让我们想起 AMD 最大的宿敌英特尔过去类似的举动。2015 年，英特尔以 160 亿美元的价格收购了继赛灵思之后，位居行业第二的可编程半导体设计公司阿尔特拉（Altera）公司。通过这次并购，英特尔在 CPU 领域领先了一段时间。

AMD 并购赛灵思也是一个道理。在 CPU 和 GPU 两个领域，AMD 分别与英特尔和英伟达竞争。AMD 以 350 亿美元的价格收购赛灵思，彰显出其在 AI 计算市场中上升为佼佼者的雄心壮志，这也将推动 AMD 在高速发展的 AI 市场中一决高下。

当然，由于半导体市场相对封闭的特点，关于并购（由于违反反垄断法、国家的监管政策等因素，并购之路还有很多障碍）还没有定论。半导体市场是技术行业最先进的市场，但半导体行业作为国家的支柱产业，受限于很多保护政策，因此很难进行并购。不过，比英伟达有利的是，AMD 和赛灵思都是美国本土企业，而且赛灵思的首席执行官 Victor Peng 曾担任 AMD 的副总裁。鉴于此，两家公司的并购很可能不是无稽之谈。即使并购变成泡影，两家公司也会建立紧密的合作关系。

事实上，AMD 和英伟达一样，也有关于股价价值的争议。以 12 个月的数据为准，代表英特尔本期净收益市值的 P/E 不足 10 倍，而 AMD 的 P/E 目前为 40 至 50 倍（见表 6-3）。简单来说，如果仅从这个数字来看，AMD 的价值被高估了。

表 6-3　AMD 企业价值评价（资料来源：marketscreener.com）

	2018年	2019年	2020年	2021年	2022年	2023年
市值总额（单位：百万美元）	17 889	53 093	110 546	99 974		
EV	17 983	52 076	108 586	95 637	92 203	89 864
PER（股价收益比例）	55.9	155	44.6	49.2	37.7	31
利润分配率	—	—	—	0.24%	—	
市值总额/销售	2.76	7.89	11.3	7.5	6.46	5.47
EV/ Revenue	2.78	7.74	11.1	7.17	5.96	4.91
EV/ EBITDA	22.4	49	55.1	30.7	23.8	—
PBR（股票市价）	15	18.5	19	11.4	8.16	7.38

但是也不能用一个数字来评估企业的全部价值，因为股市评价的是未来发展潜力，而非过去荣誉。从这个角度来说，英特尔 R&D（研发部门）在变弱，而 AMD 以强化研发为基础，在游戏和数据中心行业采取灵活策略，这样一对比，是想给 AMD 的评估打高分的（见图 6-22）。

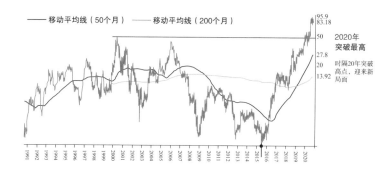

图 6-22　AMD 1991—2020 年股份走势（月）

06 元宇宙的基础设施：构成新地球的骨架

作为元宇宙基础设施的半导体行业，许多企业都参与其中。随着元宇宙时代的来临，半导体的需求会越来越大，这种趋势现在已渐渐露出端倪。由此可见，效率高的半导体设计很有可能成为主导未来产业的密钥。上述的英伟达和AMD等公司，就是典型更侧重于半导体设计的公司。

但越是这个时候，投资者越应该关注一些企业，那就是代工企业。代工企业是指制造并供应其他公司设计的半导体的企业。无论设计出多么出色的半导体芯片，制造过程一旦出现问题，就没有意义了。韩国最大的企业三星电子和台积电是典型的代工企业。目前英伟达与三星电子签订协议，AMD与台积电签订了协议。

比起三星电子，台积电的强劲势头是有目共睹的。有专家认为，台积电以54%的市场份额位居全球第一（见图6-23），如果半导体短缺现象加剧，台积电将是受益较大的企业之一。三星电子也以代工方面全球市场份额第二位的成绩对台积电紧追不舍。三星电子过去一直

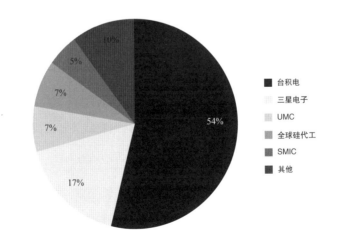

图6-23 2020年全球硅代工企业市场占有率（资料来源：TrendForce）

在经营的D-RAM存储器领域占据全球第一的市场主导地位，并以此为基础，正在加大在系统半导体领域的研发投入。三星电子凭借其目前的代工优势，以及在系统半导体领域的综合竞争力，有望跻身综合半导体企业之列。当然，由于在精细工艺部分缺乏经验，目前仍落后于台积电，但如果未来通过订单单价竞争力来强化市场主导地位，局面很有可能被扭转。

从全球代工企业市场份额来看，目前三星电子与台积电的差距还比较大，但不是绝对无法超越的鸿沟。2021年初，曾有消息说，三星电子与英特尔签订了代工合同，三星电子决定生产英特尔的计算机主板芯片组。当然，备受关注的英特尔GPU生产由台积电负责，不禁引来了相关投资者的遗憾叹息，但这份代工合同对后起之秀的三星电子来说，也是实实在在的业绩，意义重大。预计未来两家公司的业绩竞争将更加激烈，投资者必须绷紧神经，关注三星电子和台积电的相关消息。

随着经济和科技的发展，半导体的重要性越来越不容忽视。半导体技术是各种第四产业技术的基础，它与未来技术的中心即元宇宙关联颇深。在AR、VR应用平台的扩展，使用用户的增加、应用行业应用软件的扩展以及用于数据安全和处理的公有云平台的使用量增加等许多领域，元宇宙均离不开半导体。综合这些趋势和情况，元宇宙的发展极有可能给半导体市场带来二次成长的机会。

07

元宇宙内容产业：
想象创造一切

吸引粉丝的魔力

之前我们研究过构成元宇宙行业的各种市场和结构。但是，无论技术多么出色、平台多么安全，如果其中的内容不精彩，是难以引人入胜的，内容产业在元宇宙中所占的比重很大（见图 7-1）。

我们通常把现在称为"内容时代"，电视在过去曾经拥有的荣耀一去不复返，取而代之的是 YouTube、抖音、播客等各种平台。在称为"单人媒体时代"的今天，据说仅在 YouTube 平台，一分钟就会上传 500 小时的视频。一个人要想看完一天之内上传到 YouTube 的视频，需要 18 年，这简直就是"内容的洪水"。

图 7-1　元宇宙中有无限的内容

随着技术的进步和新世界的到来，这种趋势越来越明显。科技的进步使现代人的劳动时间正在减少。过去，人们普遍认为"劳动"是为了让公司发展得更好，是个人应尽的本分，员工应该把公司的工作看得比个人的事情重要，平常加班和周末上班是理所当然的事。这种现象不仅出现在韩国，劳动法出台之前，在欧洲，按照基督教价值观，劳动被认为是"神圣的""即使再累也要忍受"。

随着技术的进步，这种价值观正在逐渐改变。在欧洲，

> **游戏的人（Homo Ludens）**
>
> 意思是"玩耍的人"或"喜欢玩耍的人"。首次提出这个概念的是约翰·赫伊津哈（Johan Huizinga），他指出，游戏不是文化的一个要素，而是文化本身。
>
> 他还认为，"游戏"与思考和创造一样，是人类重要的技能。
>
> 从这个角度看，游戏不仅仅有玩耍的概念，也指精神上的创造活动，包括音乐、美术、戏剧、体育和文学等。

许多公司每周工作四天，政府对此也表示支持。几年前，在韩国也开始推行"每周52小时工作制"，人们对工作的看法也在悄然发生着变化。随着第四次工业革命的推进，这种趋势会越来越不可阻挡，靠劳动力制造产品的时代已经成为过去，所有行业对自动化的呼声越来越强烈。总之，未来人们的工作时间会越来越少，而时间会被用于开展其他活动。

究竟哪些活动会取代劳动呢？就是内容。此前，我们从生理学和心理学方面分析了人的本质，其中一个本质就是"有趣"，最能恰当地表达这个意思的词语是"Homo Ludens"（游戏的人）。由此可见，

追求有乐趣的游戏是人类的本能，内容的本质也和这种"游戏的人"一脉相传。

科技的进步将引领人们朝着追求这种游戏的方向前进，其中，元宇宙可以说是内容的终结者。当然，很多提高生产力的行业技术也包含在元宇宙中，元宇宙从科幻起步以来，它的本质就是追求内容和趣味性。由此可见，内容在元宇宙世界中所占比重不小，或许正因为如此，各种内容和娱乐相关公司正争先恐后地把目光投向元宇宙。

韩国也有与元宇宙内容密切相关的企业，比如我们常用作搜索引擎的 Naver。最初，Naver 从搜索引擎起步，现在业务已扩展至购物、营销等多种行业，是韩国 IT 行业的巨头。除了门户网站，我们最熟悉的 Naver 相关业务就是网络漫画，Naver 以网络漫画和小说、演出等多种内容为基础，逐步拓展海外市场。Naver 作为 IT 企业，对内容了如指掌，它是绝不会错失元宇宙机遇的。

Naver 通过其子公司 Naver Z 运营着庞大的元宇宙平台。Naver Z 运营的"Naver Zepeto"（以下称 Zepeto）是一个增强现实化身的服务平台，用户可以在 Zepeto 上使用 AR 内容、游戏和 SNS 功能（见图 7-2）。Zepeto 的运营团队其实是为传统修图应用程序提供服务的 Snow 团队，这个团队中的一部分人参与了 Zepeto 的研发，因此，Zepeto 融入了 Snow 团队的理念。他们在为 Snow App 提供服务的过程中产生了一个想法，就是"人们换脸后与人沟通时，其他人似乎并不觉得奇怪"。MZ 世代认为，自己的化身在经过 AR 技术处理或修图后再与他人交流，不是什么大不了的事。至于化身，无非就是将代表自己特征的化身当作本人而已。长得像小米粒一样小的眼睛，通过修图就变成了铜铃般的大眼睛,当这样的化身出现在面前时,没有人会格外在意,这已经成为当下的一种文化。

图 7-2　Naver 网站 Zepeto 中的图片(图片来源:Zepeto 官方照片墙、Naver)

在此基础上,Zepeto 又向前迈了一大步。开发人员认为不应只局限于拍摄头像,应与其他 3D 数据实现互动,于是他们开始埋头研发 Zepeto,并加入了增强现实。他们把制作出来的化身拖入现实空间,能拍照,能与其他人的化身一起跳舞,甚至还能邀请好友的化身一起在 AR 应用中活动。目前,Zepeto 在十几岁的青少年中很受欢迎。截至 2021 年,Naver Z 在全球已经拥有超过 2 亿 Zepeto 服务用户,差不多是韩国人口总量的 4 倍。

Naver Z 的主要收入来源是出售游戏中装饰化身的道具。所谓的游戏"充值",就是使用现实货币购买 Zepeto 道具。更吸引人的是,不仅可以使用平台提供的化身,还可以按照自己的意愿原创化身,甚至可以把自己创作的化身出售给其他人来赚取货币,形成了一套经济体系。曾经有个用户在 Zepeto 内销售时尚装备,月收入超过 300 万韩元。可见,Zepeto 是一个具备了元宇宙经济属性的平台。

这样的经济潮流中一定少不了的人群就是企业家。Zepeto 拥有超过 2 亿用户,这些人都是未来将成为主要消费群体的 MZ 世代,对于

Zepeto 来说,这无疑是一个诱惑力巨大的市场。据说,与耐克合作推出的 Zepeto 运动鞋装备销量已超过 500 万双。除了 Hello Kitty 这样可爱类型的品牌,像古驰(Gucci)这样的奢侈品牌也争先恐后地进入 Zepeto 平台。当然,在 Zepeto 购买的奢侈品是无法在现实中使用的,但价格便宜,单价均在 5 000 韩元左右,用户可以按照自己的审美用它来装饰自己的化身。尽管目前消费市场不景气,但 Zepeto 还是利用年轻人喜欢在同龄人面前美化自己的特点,精准地抓住了年轻消费群体。

在这股潮流中,Naver Z 推出了"创造世界"(World Creation)游戏功能,在 Zepeto 内利用一张地图创建一个世界,就是用地图制作工具来创造世界,这项功能引起了各类企业的关注。在受新冠肺炎疫情影响,无法正常举行各类宣传活动的情况下,企业或机构选择 Zepeto 作为突破这种现状的媒介手段。2020 年,3D 游戏引擎企业 Unity 在 Zepeto 虚拟空间举办了"U-NIGHT2020 首尔"活动(见图7-3),文化基金会等不少机构也选择在虚拟空间里举办展会。为此,Naver Z 正在组建专业的"创造世界"运营团队,以谋取利润。

图 7-3 U-NIGHT2020 首尔展会照片(图片来源:Unity Korea YouTube)

实际上,在 Zepeto 中创造世界通常不用花一分钱,似乎这里有取之不尽用之不竭的树木和石头,我们只管拿来搞建筑就行了。不过,这对现在注重既得利益的中年人来说,实在太难了。那么,他们为什么还是要涉足一个自己无法理解的新世界呢？原因在于营销效果。之前我们讲过，Zepeto 的用户数量超过 2 亿，其中 90% 是外国人，这与目前只经营韩国市场相比，市场规模完全不同。

Zepeto 的服务，除了通过增强现实制作虚拟世界游戏外，还将 SNS、营销等生活日志元宇宙融入平台中，吸引了各种娱乐公司。世界闻名的 YG 娱乐偶像组合 Blackpink 的粉丝们，通过访问在 Zepeto 内建造的"Blackpink World"程序实现互动。其他娱乐公司也在利用各种方式，将他们的偶像团体带入元宇宙世界。

此外，Zepeto 还为用户提供高度自由的环境，以扩展其内容领域。其中一项主要内容是"Zepeto 电视剧"，顾名思义，"Zepeto 电视剧"就是以知名网络小说或梗概为脚本，由十几岁的青少年们通过 Zepeto App 自己创作电视剧，这在青少年中获得了很高的人气。

那么，"Zepeto 电视剧"与传统视频内容有什么不同，为什么会如此受欢迎？原因在于制作过程非常简单，通过 Zepeto 提供的 AI 技术，用户可以对照自己的脸庞轻松创建角色，然后，使用 Zepeto 提供的视频编辑系统，将连姿势都塑造好的角色制作成电视剧。

此外，Zepeto 受到热捧的原因还在于 Zepeto App 具有"自由度"这一特征。在虚拟世界中，你可以按照自己的风格来塑造角色，创造出一部充分彰显创作者特性的电视剧。

除了电视剧，Z 世代还利用 Zepeto 来创造多种多样的内容和新的游戏文化。这些二次创作内容虽不是 Naver Z 直接提供的，但由于 Zepeto 为用户提供了各式各样的工具和高度自由的创作环境，才使创作变得顺理成章。目前，Zepeto 正在全力以赴，为处于成长期的青少年打造居住的元宇宙。

事实上，并不是只有 Naver 在追随这种潮流的发展。你知道一个叫 Hybe 的娱乐公司吗？有报道称，2019 年，该公司运营的某男子团体创造了约 5 兆韩元的韩国国内生产总值。据美国 CNBC 报道，该团体将在未来 10 年为韩国经济贡献超过 37 兆韩元的价值。

Hybe 正是凭借着该团体的出色表现，力压三大代表性的韩国娱乐公司，成为业界第一。此外，Hybe 还试图摆脱目前演艺经纪公司的框架，致力发展成为娱乐生活方式平台企业。其所做的努力尝试中，最引人注目的就是推出了实现歌手和粉丝互动的社交网络元宇宙平台"Weverse"。Weverse 作为生活日志元宇宙的一种，号称是一个艺人与全球粉丝共同打造的空间，是可以与艺人进行互动沟通，并可以创造门票销售和明星周边产品等多种附加价值的平台。这时，我们应该关注的是，他们所讲述的故事。实际上，与其他元宇宙平台相比，Weverse 在技术方面并不出色，但他们所讲述的故事却深受粉丝欢迎。或许正是由于这个原因，2020 年，Weverse 在全球拥有用户近 1 500 万人，遍布在 229 个地区，平台日均访问量约达 140 万人次。据公告显示，2021 年，Naver 斥资 4 000 多亿韩元买入了 Weverse 公司股票，世人对它的关注度进一步高涨。

当 Weverse 将叙事作为发展重心长驱直入时，也有与之形成鲜明对比的平台，就是 NC 软件开发的"Universe"平台，该平台与 Weverse 一样，也是粉丝和艺人互动的粉丝群平台。单从技术层面上看，Universe 比 Weverse 还要优秀。事实上，一直为 Universe 提供服务的 NC 软件目前是一家科技公司，过去的数十年间，一直活跃在韩国国内游戏行业，其在 IT 领域的技术实力是无可比拟的，但用户还是比较喜欢使用 Weverse 平台。这到底是为什么呢？原因就在于 NC

软件只注重 Universe 的技术研发，忽略了叙事。起初，Universe 提出了可实现粉丝和艺人一对一沟通，这样的宣传吸引了消费者，但后来艺人在平台上要求粉丝们购买自己的产品，这样的举动彻底激怒了粉丝们，他们把愤怒的矛头指向了 Universe 平台。这又是一个发人深省的具体案例，即在元宇宙中，技术实力并不代表全部，叙事尤为重要。

如果被问及未来 Universe 的前景是否暗淡，我认为现在作出判断还为时过早。2020 年底，Universe 宣布与 CJ E&M 成立合资公司，CJ E&M 是韩国内容行业的巨头，业务涉及演艺企划、游戏、有线电视等领域，可以说所涉猎的领域相当广泛，公司规模庞大。我们熟知的综合频道 Tvn、音乐专题频道 Mnet、漫画频道 Tooniverse 等多个有线频道都隶属于 CJ E&M。很多演艺企划受到了 CJ 的影响，分公司所属的艺人也都星光璀璨。

正因为如此，2021 年初，Universe 线上演唱会的阵容相当华丽。据悉，包括韩国国内知名偶像组合在内的 14 个组合参加了此次演唱会，共吸引了来自全球 164 个国家和地区的 260 万人观看。随着此类活动的持续举办，Universe 也会像 NC 软件的游戏一样，通过重新设置界面等举措，逐步在未来粉丝网络元宇宙中堂堂正正地占据一席之地。

除此之外，还有很多种粉丝群网络服务平台，比如大型企划公司 SM 娱乐公司推出的"Lison"、Naver 运营的"V Live"以及歌手和粉丝一对一短信互动的订阅型平台"Bubble"等。也许有些平台会将元宇宙的特色 SPICE 元素融入其应用程序中，进而与元宇宙接轨，有些则按照传统方式留在智能手机的应用程序中。现在就确定哪些平台会进一步进化并生存下去为时尚早，但可以肯定的是，没有跟上时代节奏的平台，就只能留在人们的记忆中，引发人们诸如"当时也有这些东西啊"的感慨了。

如果被问起，你记忆中的歌手和歌曲是什么？有人会提起已故歌手金光石演唱的《太痛的爱情不是爱情》，并随着苦涩而又悲伤的音律哼唱，有人会想起男女混合组合"乌龟"演唱的《飞机》，并跟着旋律轻唱。每个人想到的歌手不同，歌曲也会不一样。但相同的是，那些日子不会再回来了，每个人关于逝去岁月的回忆都会闪耀着光芒。无论如何努力，它再也不会回到我们的身边，也因此变得更加美丽。不过，你或许曾经想过，如果再回到那个时刻，自己会做些什么呢？

在现实中不可能的事情，在元宇宙中不见得就不可能。前面曾经提到过，使用 AI 技术可以重现你认为不可能实现的场景。金光石和"乌龟"组合队长 Turtle Man 都遗憾地成为故人。深受人们喜爱的"乌龟"组合队长 Turtle Man 是因病去世的。

大家都认为，我们在现实生活中再也看不到以上二位的演出了，但他们却再次出现在了一档电视节目上。在某有线频道播放的《再来一次》的节目中，已经过世的 Turtle Man 重新出现在荧屏上唱歌，吸引了观众的眼球。通过 AI 重现的声音，完美再现了 Turtle Man 嗓音中特有的沙哑和颤音，通过增强现实呈现的 Turtle Man 的身影，简直与生前一模一样，着实刺激了众多粉丝的泪腺。

就这样，AI 能重现人类生前的记忆和习惯，重新生成内容。过去，只有在科幻电影中才能看到的，与本人长得一模一样、行为举止也一模一样的 AI，不再只是电影中的角色了。

人们原本以为不可能的事，遇到了元宇宙就会成为现实，这彻底颠覆了人类认为数字化是很难实现的传统观念，在元宇宙世界中，所有的事物都可以进行数字转换。这不仅给技术公司或内容公司提供了一个机会，也给了所有人一个崭新的世界。以化妆品企业为例，人们通常认为化妆品不能进行数字转换，化妆品企业与元宇宙没有关联，但实际上元宇宙所能释放的价值是无穷无尽的。在元宇宙世界里，化妆品可以用作装饰化身的道具，其所具有的感性和品牌价值也可以通过空间和游戏等多种方式进行转换。

在元宇宙世界中，内容的范围很广，而且价值也不容低估，甚至其创造的附加值比科技公司的技术创造出来的价值还要高。新的数字地球很快就会出现在我们面前，不，它已经在不知不觉间来到了我们的身边。即使现在起步，也不算太晚，你想在全新的数字地球元宇宙中讲述什么故事呢？从现在开始，请认真考虑一下吧！

元宇宙的经典：游戏产业

新冠肺炎疫情给这个世界带来的影响和变化，足以改写很多行业的兴衰史。其中，游戏产业是后疫情时代再次腾飞的代表性产业群。2020年上半年，全球移动游戏市场同比增长21%，轻松超越2019年同比13%的增幅。这是由于新冠肺炎疫情大爆发后，用户游戏时长普遍增加所导致的。

除了短期的销售收入增长之外，能成为企业长期经济基础的游戏市场的变化也很明显。这些也与被称为新时代的元宇宙有关，从某种意义上讲，游戏行业与元宇宙深度交融，甚至可以说游戏行业是元宇宙的一部分。

元宇宙不是现实世界，是反映现实世界的一个数字化的社会，因此，聚集数字人口和建立虚拟社区是元宇宙的基本条件。正是在这个"社会"的价值中，元宇宙（包括游戏行业）的经济价值开始被估值。

在元宇宙空间，开展信息搜索和交换、企业广告等活动，形成经济价值，构建奖励体系，其核心思想是创造超越现实世界的另一种资本经济。因此，对于游戏制作公司和发行商来说，构成社会的人口数量很重要，这是因为社会成员越多，创造的经济价值就越大。未来，在逐渐扩展的元宇宙概念所搭载的游戏市场中，拥有大量数字人口的游戏制作公司将执掌大趋势的霸权。

那么，企业应该如何把人聚集到它们的游戏中来呢？虽然有很多不同的看法，但大部分专家一致认可的就是"图形"。此前，我们提到过关于 VR 价值中的视觉信息，人对视觉信息很敏感，这与元宇宙世界的"真实感"相关联。

图形在游戏行业发挥的作用同样很大。目前，在这个领域处于领先地位的企业有哪些？有英伟达和 AMD。你或许觉得这两家企业出现得太频繁了，但是，这恰恰证明它们与元宇宙密切相关。除了虚拟世界，视觉图形元素是 2D、3D 游戏不可分割的重要元素，因此，图形演算设备 GPU 非常重要，在这个领域最有优势的企业就是英伟达和 AMD。

当然，这也并不是说以上两家企业可以左右游戏产业本身的发展，仅仅凭借图形元素，是无法在游戏市场中生存下来的。如果 GPU 是绘画笔，那么服务器就是画布，需要在上面绘制一个对象。游戏行业从根本上讲是一个内容产业，所以，其中蕴含的内容要有模有样，才能打动人心。

举一个例子，2020 年推出的《赛博朋克 2077》是一款游戏，是描写 20 世纪 90 年代流行的"赛博朋克 2020"50 年后场景的作品，该作品以 2077 年为背景，讲述了被计算机技术支配的压迫性社会和描绘了无法治地带的"赛博朋克"世界观。《赛博朋克 2077》的开发商是波兰优秀的游戏制作公司 CD PROJEKT（以下简称 CDPR），曾经载入游戏史册的巫师（The Witcher）系列作品也是 CDPR 推出的，因此《赛博朋克 2077》深受全世界玩家的期待。

《赛博朋克 2077》是一款第一人称开放世界动作类游戏（见图 7-4），采用了英伟达顶级 GPU 阵容 RTX 3070 显卡，在 3D 引擎和平面设计上下足了功夫。发布前，人们对游戏好评如潮，公开发布的拖车视频画面非常精彩，与"赛博朋克"题材所描绘的世界观相似。再加上原著作者，即《赛博朋克2077》制片人迈克·庞德史密斯强调说："产品的核心在于玩家对游戏的感觉，而不是技术和游戏性，希望玩家能身临其境地感受主人公在面对黑暗、心情不爽以及被雨淋湿的街道等产生的感觉。"这样一来，人们对游戏的期望值倍增。看过采访后，人们感受到了一种奇幻的世界观，这种世界观在现实世界中很难体验到，却可以在这个游戏型元宇宙世界中得以体验。

图7-4 游戏画面（图片来源：游戏《赛博朋克2077》）

但是，游戏推向市场后，人们的期待却变成了失望。正如迈克·庞德史密斯所说，游戏的确忽视了技术和游戏性，因此漏洞百出。很多人都评价说这款游戏只是图形好看，或者说只有华丽光鲜的外表，游戏网站中的评价一塌糊涂。也有专家表示，这款游戏给人的感觉是游戏还没有完成开发就急于上市了，像是个半成品。

招致这种评价的原因之一，是长时间的炒作让用户充满期待，希望越大失望也就越大。但很多人认为，从根本上讲，是打开游戏型元宇宙内容的方式错误所导致的。最重要的是，在这个被叫做游戏的元宇宙世界中，构建社会的游戏性虚拟世界是具有一些特殊属性的，那就是有一个被叫作"运营团队"的团体的存在。

一般来说，人们会认为运营团队是决定游戏方向的主导者，因此，如果团队做得不好，就意味着会搞砸世界观。《赛博朋克2077》受到恶评，其运营团队难辞其咎。当用户发现漏洞后，开发商承诺会尽快修改漏洞，但却没有做到。他们甚至以XBOX和PS游戏机等平台不支持退款为借口，对退款事宜避而不谈。

或许是因为这些，《赛博朋克2077》上市后，在波兰上市的CDPR股价较之前的高点下跌超过50%后，至今仍未有上涨的迹象。由此可见，游戏的兴衰成败并不仅仅取决于图形这个单一元素。我认为这是一个典型案例，告诫我们不能仅仅从技术或经济角度来接触游戏行业，这个规则同样适用于元宇宙。

虽然情况略有不同，但在注重成员之间沟通的游戏领域，经营不善的问题在韩国也一样存在。2021年初，市值32万亿韩元，在韩国国内排名第三的游戏制作公司"NEXON"也面临同样的困境。该公司开发的游戏《新枫之谷》，由于运营问题，导致用户与游戏公司之间的矛盾十分激烈。

在这里无法一一陈述所有问题，下面来看看最重要的部分。《新枫之谷》是一款免费游戏（F2P），为了赚取利润，游戏中有各种各样的装备可供用户使用现金购买。其中，随机装备"Cube"是游戏中重要的二级商品之一，能够随机改变装备的能力。该系统于2011年引进，持续了大约10年，在《新枫之谷》游戏收入中占比较大。

2021年初，游戏公司宣布，这款名为Cube的装备中的某些配件在系统上终止服务。用户对此非常愤怒，开始在游戏公司面前举行"卡车示威"，随后，事态波及其他游戏公司。虽然最后召开了用户座谈会，但游戏制作公司始终否认存在漏洞，并无视用户的赔偿要求。经历了这场风波后，曾经在韩国RPG领域拥有网吧份额第一的《新枫之谷》的市场占有率大幅降低，很多用户离开了。

这两款游戏的案例以反面教材的形式，向我们展示了未来游戏型元宇宙的发展方向。不仅用户之间的沟通很重要，游戏制作公司也应被看作元宇宙世界观的组成成员。如果只把游戏当成单纯的创收手段，事态的发展极易失控，上面都是血淋淋的例子。

事实上，站在游戏制作公司的立场，不能不考虑利益创收，因为企业的本质就是创造利润。随着游戏的元宇宙化发展，对商业模式的烦恼只会越来越多，主要原因在于，基础设施（如数据处理和图形）的使用成本很可能会增加。

那么，随着元宇宙时代的来临，未来游戏行业采用的商业模式将发生怎样的变化？首先，F2P游戏会逐渐增加，销售额也很有可能增加。F2P模式与传统的P2P（付费）不同，它有利于增加用户数量，这也与元宇宙世界的社会成员增加相吻合。与一次性销售的P2P不同，F2P游戏反而能提高用户的忠诚度和集中度，使他们长时间逗留在游戏中，从而促进游戏内社区的活跃度，增加流量。为此，游戏制作公司除了提供内容，开发自己的游戏之外，终极目标是要实现虚拟世界的平台化。

针对市场前景的研究也得出了相同的结论。根据全球XR市场预测，到2023年，市场规模将接近120亿美元，其中VR和AR应用最广泛的领域就是游戏市场。这是因为，从结构上看，游戏的画面由

3D引擎制作，能带给用户与现实相似的体验，是体验虚拟现实的理想空间。

游戏行业的商业模式有无限可能，绝不只是目前提到的这些内容。如果游戏型元宇宙成为用户生活的延伸，并发挥元宇宙的角色，那么基于游戏的广告也会影响其他广告平台市场。用户在现实世界中的经济活动将转向基于元宇宙的游戏，PC和移动设备使用时间的增加，会带来数字广告市场的扩张。同理类推，随着游戏广告市场的扩大，游戏使用时间也会增加，对于企业来说，这将是一个巨大的机遇。目前，针对已经处于饱和状态的营销渠道的投入仍在持续增加，游戏型元宇宙是无限大的，因此未来广告市场可能会备受瞩目。

典型的事例是，在《第二人生》发布时，用户陡然增加，为了将其用作营销渠道，各类企业涌入游戏市场。入驻《第二人生》的主要品牌早已被全球大公司抢占先机，未来，在为更多品牌和产品做广告方面，像《第二人生》这样的基于元宇宙的游戏将更受关注。

这种情况在时尚界也很常见。时尚界一直与数字游戏合作，著名奢侈品牌"路易·威登"曾在2016年将日本游戏制作公司Square的游戏《最终幻想》里的角色"Lightning"作为当年春夏新品的广告模特。运动品牌耐克为《堡垒之夜》提供了耐克的"飞人乔丹"（Air Jordan）系列服装装备，2021年年初还与韩国电竞游戏团"T1"签订了赞助协议。韩国厂商"科隆工业"的运动服装品牌也与"沙盒游戏"达成合作。

最近，这种趋势仍然非常盛行。"Nintendo Switch"游戏机曾经雄心勃勃地上市，但却敌不过XBOX和PlayStation，在很长一段时间内销售低迷，后来一鼓作气，与世界级奢侈品牌华伦天奴

（Valentino）和"Mark Jacobs"等时尚品牌合作打造游戏装备，开发了游戏《动物之森》。这种联合拥有数千万或数亿名用户的世界知名时尚品牌开发游戏生态系统的营销模式，将使未来游戏型元宇宙内的经济活动更加活跃。

超过两亿人生活的世界

Roblox

在游戏中,最能体现元宇宙价值的平台还是 Roblox。关于 Roblox 的描述贯穿了整本书,现在从投资者的角度来谈一谈。Roblox 于 2020 年 3 月 10 日首次在纽约证券交易所上市,它早在上市前就备受关注。作为 3D 引擎平台和游戏开发商,Roblox 在新冠肺炎疫情的余波下,已经成为美国小学生的数字游乐场。市场调查显示,美国年轻学生每天平均使用 Roblox 的时间约为 156 分钟,这是一个家喻户晓的平台。如果你看看 Roblox 的盈利模式和业务策略,你会发现它经营的业务非常有吸引力,正符合瞄准未来元宇宙转型的游戏制作公司和 VR/AR 内容相关公司的标准。

Roblox 不仅是一个 3D 图形游戏,它还是一个能为游戏开发者提供开源平台,拥有共享游戏收入的系统。由于可以直接盈利,吸引开发者自愿参与,制作平台本身相对容易操作,因此很多创作者都生活在 Roblox 世界观中。Roblox 的座右铭是构建人类共同体验的平台,让数十亿用户能够共同学习、交流、探索、拓展友谊。或许是由于它的座右铭打动了大家,根据月平均访问人数和所花费时间,Roblox 被评为适合 18 岁以下用户使用的在线娱乐平台之一。

Roblox 的实时游戏引擎是体验其所提供的虚拟世界的核心动力，其高性能平台和实时模拟引擎，适用于多种操作系统，可根据设备规格灵活调整，优化游戏。从最新的移动设备到游戏计算机，这款引擎适用于各种硬件平台，其特点是使用 Roblox 独有的单一代码。特别是近年来，为客户提供解决方案，使 VR 硬件平台优化驱动成为可能，这给元宇宙生态体系发展带来了很大的竞争力。此外，Roblox 还打破了 2D/3D 交互的边界，强调可实现 2D 应用程序风格的界面和沉浸式 3D 体验的无缝切换体验。

从游戏本身看，Roblox 是 2006 年 9 月正式发售的游戏，是一款历史悠久的游戏。当然，游戏要求的最低配置也没有那么高，这是一款任何人都可以玩，门槛较低的游戏。如果这是一款有趣的游戏，那么它早就出名了。在新冠肺炎疫情大流行的背景下，Roblox 受益最大，从 2020 年开始疯狂吸粉。为什么呢？这要归功于 Roblox 的战术。

与其说 Roblox 是开发现实游戏引擎和游戏的开发商，倒不如称其为社交媒体平台企业。它已经是一家跨越了游戏行业，正在过渡到平台行业的企业，从在虚拟现实中构建社会的概念角度看，Roblox 比 Facebook、Instagram 等更具有进一步进化的潜力，因此，在新冠肺炎疫情大流行的情况下，被当成了一个特殊的平台。在连最基本的交流都变得很难实现的情况下，Roblox 区别于其他游戏的社会化倾向，使它受到了人们的喜爱。Roblox 进一步强化了这种趋势，向元宇宙世界的代表性社交媒体又迈进了一步。

与 Roblox 提供的游戏相比，用户原创内容（UGC）更多。这种用户参与型内容在元宇宙世界中可能是一个强大的武器。

为了激活用户原创内容，Roblox 提供系统供玩家自己创作内容，还可以使用虚拟货币（Robux）进行交易。以虚拟货币为媒介，通过货币之间的交换，推动虚拟世界内的经济活动，这具有非常重要的意义。换言之，Roblox平台是最能体现元宇宙特征的游戏。

虚拟货币（Robux）在Roblox平台具有非常重要的意义。用户可以通过Robux在"化身电子市场"上购买服装、手势和表情等，用于装饰化身。这种情况下，销售额的70%归游戏开发者所有，30%归虚拟化身所有。如果积攒的Robux超过10万Robux，就可以通过贝宝（Paypal）兑换成真正的货币（10万Robux=350美元）。游戏开发者还可以利用虚拟货币Robux来推广自己的游戏，并张贴广告（赞助游戏），进一步创收。

这自然会带来Roblox生态系统的良性循环，为了自己的收益，游戏开发者将继续利用Roblox平台来生产内容，并不断进行宣传，让尽可能多的用户来玩游戏。而Roblox也自然而然地将内容开发和营销都交给了用户。

道理虽然很简单，但效率很高。你可以理解为，现在有超过800万的开发者和公司建立了"利润共享系统"。换句话说，Roblox拥有数以百万计的外部开发者。

这种良性循环自然带来Roblox收入的持续增加，未来，在Roblox创造的虚拟世界中，人们花费的时间越多，对Robux货币的需求也会越大，这些利润都进了Roblox的钱包。因此，根据全球新冠肺炎疫情带来的基数效应，预计2020年Roblox的开发者累积收益将达到约2.5亿美元，是2019年Roblox总收入的两倍多。

由此可见，游戏开发者之所以喜欢Roblox，是因为它相当于是开发者自己的平台，而且平台使用方便，操作灵活，当然，这与

Robux 可兑换成现实货币也有一定关系。最终连接虚拟世界和现实世界的媒介是经济活动所使用的"货币",从这个角度看,Roblox 的核心经济体系将对其他元宇宙内容企业提供一定的参考价值。

随着使用 Roblox 时间的逐渐增加,Roblox 将不再仅仅是当前状态下的兜售游戏,从长远看,有望成为推动各种内容流通的基础平台,即成为元宇宙的主要玩家。比如,有可能成为推销下一代大型游戏的广告平台。

目前,从营销业务角度上看,Roblox 的销售额还很小,但从长远看,Roblox 正在与传统线上广告平台(像 Facebook 一样的社交媒体)一起,扩大其网络广告版面,提升营销平台的竞争力。作为营销平台,Roblox 的竞争对手将从游戏开发公司,逐步扩展到社交媒体平台。因此,目前局限于在游戏应用内结算(IAP)的人均收入,很可能通过广告收入增加财务渠道。最终,Roblox 将不再只是游戏,而会成为一个"广告平台",成为广告商和用户之间的纽带,并将拥有更强的竞争力。

现在,让我们来看一下 Roblox 的财务情况。截至 2020 年 4 月,Roblox 的总市值超过 40 兆韩元。从上市之初,Roblox 就以市值超过几十兆韩元的企业而受到关注,到 2023 年,销售增长率有望达到 25% 至 30%,呈现爆发式增长(见图 7-5)。

目前市场关注的是,今年 Roblox 的营业利润是持续亏损还是扭亏为盈,大家更愿意相信的是扭亏为盈。如果你看看现金流和损益表,就会找到依据了。

Roblox 2020 年的经营活动现金流达到 5 867 亿韩元,比 2018 年增长了 5 倍以上。从盈利指标来看,销售毛利率约保持在 70% 的较高水平，如果发生在销售、管理和维护等环节的费用即管理与销售费用和投资费用不超支，那么实现 2021 年营业利润扭亏为盈将不会有太大困难。不过，Roblox 的债务总额从 2019 年的约 7 675 亿韩元增长到 2020 年的 1.941 7 兆韩元，导致了流动和非流动负债率持续增加。因此，考虑到企业财务稳定性等风险，纯利润方面很难看到盈利。

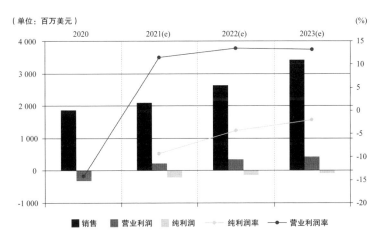

图 7-5 Roblox 销售趋势（资料来源：marketscreener.com）

当然，作为 Roblox 增长指标的 DAU（日活跃用户数量）保持持续增长的趋势。因此，单纯根据过去和现在的标准来评估 Roblox 的企业内在价值似乎有些勉强。目前，用户和游戏开发者呈上升趋势，而且增长势头非常迅猛，2021 年第一季度，平均每天实际用户超过 3 960 万人。从损益表上看，虽然在赤字和盈利间徘徊（见表 7-1），但股票投资的不是过去而是未来，所以从 Roblox 的核心竞争力角度来分析，商务所带来的内在价值就会有所不同。

表 7-1 Roblox 财务指标（资料来源：FnGuide）

（单位：亿韩元）

损益表	2018	2019	2020	2021(e)
销售额	3 636	5 688	10 337	21 173
总利润	2 819	4 319	7 653	17 369
销售费用和管理费用	3 799	5 174	10 631	
营业利润	-980	-855	-2 978	3 411
本期纯利润	-985	-794	-2 834	3 540
现金流表				
CAPEX	739	948	1 266	1 662
Free Cash Flow	391	162	4 601	5 080
收益性指标				
营业利润率	-26.94%	-15.04%	-28.81%	16.11%
纯利润率	-27.10%	-13.99%	-27.89%	16.72%
ROE	-238.03	-114.57	-355.89	-99.69

交易型开放式指数基金（ETF）

就像 Roblox 的例子一样，投资游戏市场是创建元宇宙生态系统的最有利结构，它允许个别企业投资，也允许在纽约股市上市的 ETF 投资。其中，值得关注的 ETF 是未来资产基金管理公司发行的 "Global X Video Games&Esports ETF（HERO）"（见图 7-6）。游戏产业的传统优势企业 SEA、任天堂、网易、EA、动视暴雪等都属于 ETF。虽然这些企业的成长表现有不同程度的差异（见表 7-2），但未来发售的游戏名单不会完全与元宇宙这一超级趋势背道而驰，因此，这个 ETF 是极具吸引力的项目。

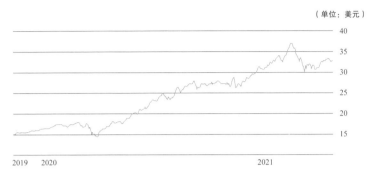

图 7-6 Global X Video Games & Esports ETF 股价
（Ticker. HERO）（资料来源：ETF.com）

表 7-2 Global X Video Games & Esports ETF 企业明细（资料来源：ETF.com）

英伟达	6.57%
SEA LTD (Singapore) Sponsored	6.48%
Activision Blizzard, Inc.	6.38%
Eletronic Arts Inc.	6.10%
NetEase, Inc Sponsored ADR	5.88%
Nintendo Co., Ltd	5.50%
Embracer Group AB Class B	5.07%
Zynga Inc. Class A	4.91%
NEXON Co., Ltd	4.60%
Capcom Co., Ltd	4.55%
上述10个企业总比重	56.04%

后记一　任何先进的技术，都与魔法无异

在与人谈论元宇宙时，经常会遇到"不管怎么样，《黑客帝国》是不可能的吧？不会像黑镜一样吧？"等诸如此类的问题，这是一个随着科技高速发展，所带来的期待与恐惧交织的问题。

2021年1月，美国专利局公布了一项专利授权，涉及一项非常独特的技术，是微软公司于2017年申请的内容。专利涉及如何根据人的图像、语音记录、社交媒体记录、短信等创建一个仿真聊天机器人项目。Netflix的科幻电视剧《黑镜》中，出现了以聊天机器人的形式再现死去恋人的情节，现在微软想要把这种聊天机器人展示在我们面前。不久的将来，我们就能在元宇宙中见到喜欢的艺人、历史人物或已经去世的家人。除此之外，有触感手套设备，还有可以感受温度的设备、咬在嘴里就会刺激味觉细胞感受味道的设备、像隐形眼镜一样戴在眼睛上的透明的增强现实设备等，这样的设备正在出现。美国的维尔福公司对可以连接人脑、神经和元宇宙的脑机接口技术（BCI）表现出浓厚的兴趣。据说，这项技术用途广泛，对游戏开发者来说，这是必不可少的设备。这套设备能精确地解读玩家何时悲伤、惊讶、兴奋和无聊等情绪，建议用于开发内容，提升用户的满足感。从技术上看，一个真实与虚拟、现实存在与再现存在、人类思维与计算机处理交织的世界正向我们慢慢走来。

"任何足够先进的技术，都与魔法无异。"这是英国科幻作家亚瑟·克拉克的名言。技术已经足够完善，正引领我们走向神奇的元宇宙。你想在那个世界里遇见谁？你想体验什么？你想得到什么？这将由我们共同来决定，希望不要将这些问题交给像魔法一样的技术来解答。元宇宙大爆发将让这个世界发生天翻地覆的变化，让我们共同来思考人类将要走向何方。

Mind Mover 金相均

后记二　必然与元宇宙相关联的全球金融投资

韩国的代表企业如三星集团、LG、Naver、浦项制铁、现代/起亚汽车、CJ等全球性企业，都是在海外销售额逐渐增长的企业。也就是说，它们与全球的消费和需求息息相关，尤其是，那些受全球经济影响较大的企业，它们的市值在全球名列前茅，拥有对世界经济极其敏感的经济架构。这就意味着，那些使用智能手机买车、加油、用餐、购买家用电器等的消费主体不仅局限于韩国，可能来自世界各国。

全球第一大经济体美国，紧随其后的是中国，韩国和俄罗斯等新兴国家，以及印度、印度尼西亚、孟加拉国、越南等国家的居民收入都在增长，消费与收入成正比，随着收入的增长，消费也有所增加。随着消费的增长，国家变得越来越繁荣，在繁荣中抓住成长机会的企业不计其数，尤其是那些从事全球业务或集尖端技术于一身的企业就会成为行业典范。引领这些产业发展的国家必将创造财富，并将该国创造的资产编入投资有价证券中。随着全球经济持续增长，要获得经济增长带来的红利，就应该持有对经济增长贡献较大的国家或企业的股票。拥有高科技霸权的美国就是个典型案例，美国人不断地在境内买入并持有产业领先企业的股票。我们都是地球村的人，大家都应该努力拥有更宽广的视野。毕竟，如果这些技术是构建元宇宙的工具，投资者应该认真考虑和研究这些技术，学习技术研发企业的成长经验,把自己的资产投资于这些企业。

  目前,与元宇宙相关的平台都专注于为用户带来超越现实的沉浸式体验。就如正文中所说的内容一样,随着3D渲染引擎企业的发展,在尖端通信设备基础设施及精细工艺半导体的设计和制造过程中,产生了呈几何级数增长的百万倍规模数据。为了处理这些数据,需要有数据中心等汇聚尖端技术的平台,而元宇宙正在成为这样的平台,使用相关服务解决方案及商品平台的用户正在呈爆发式增长。如果人类在元宇宙内开始另一种生活,那么投资者们可以想象一下,各大相关企业未来会取得多大的发展,这样一想的话,关于未来的脉络也就更加清晰了。如果元宇宙是超越现实的多种世界观的延伸,那么投资者也有必要摆脱地理限制,拓展投资领域。

  现代社会已经进入通过移动设备就能轻易掌握各类企业投资信息的时代,即使这些企业总部设在海外也无妨。诸如Facebook、微软、谷歌、亚马逊、英伟达等全球大型科技公司,以及最能体现虚拟现实的全球游戏公司,都在为实现元宇宙生态系统而积极打造下一代产品。他们正在创造一个远远超乎我们想象的数字世界,那就是元宇宙。人们已经把现实世界中的欲望转移到另一个世界,一个期待已久的世界,并且认为与之相关联的元宇宙模式即将开启。这本书已将大趋势的脉络梳理清楚,真诚地希望它能帮助大家培养想象力,成为投资元宇宙的参考。

孟加拉虎　申炳浩